Manchmal macht es Klick:
Dass wir im leeren Innen
in einem Augenblick
Entdeckungen gewinnen
und mutig neu beginnen.

Für

Philipp, Manuel und Vincenz

Engelbert Schätzle

Manchmal macht es Klick

© 2018 Text und Umschlag: Engelbert Schätzle

Verlag & Druck: tredition GmbH, Hamburg

ISBN
Paperback   978-3-7469-3460-0
Hardcover   978-3-7469-3461-7
e-Book   978-3-7469-3462-4

Inhalt

La Pétanque

Nicht nur wer seine Ferien im südlichen Frankreich verbringt, auch wer bei uns an den langen Sommerabenden in stadtnahen Anlagen oder Parks spazieren geht, kennt mittlerweile jene Frauen und Männer, die versuchen, faustgroße Kugeln aus Metall so nah wie möglich an eine kleine Holzkugel heranzubringen. Sie spielen Boule, oder genauer: Pétanque.

Es spielen zwei Spieler oder zwei Mannschaften gegeneinander. Zu Beginn wird das kleine Zielkügelchen geworfen, dann folgen die Metallkugeln nach genau vorgeschriebenen Regeln. Wenn alle Kugeln geworfen sind, wird abgerechnet. Nur wer am nächsten an der Zielkugel ist, erhält Punkte. Die Spieler kennen die raffiniertesten Methoden, dieses Ziel zu erreichen. Wenn die einen dem Zielkügelchen zu nahe kommen, dann stoßen die Gegner sie mit einem gezielten Wurf aus ihrer guten Position weg. Oder sie stoßen das hölzerne Ziel so an, dass es von gegnerischen Kugeln zu eigenen hin rollt.

Der Reiz des Spiels ergibt sich aus der Vielzahl der Variationen, die die unterschiedlichen Vorgehensweisen möglich machen. Sie bieten genügend Anlass, in der Mannschaft die jeweils nächste Maßnahme zu erörtern. Der Reiz erhöht sich durch die Auswirkungen, die kleinste Details der Bodenoberfläche auf das Rollen oder Springen der Kugeln haben.

Nun, wer länger zusieht oder es selber probiert, der macht die Erfahrung, dass die Kugeln sehr oft nicht so rollen oder liegen bleiben, wie die Spieler es wollen. Und doch ergeben sich immer wieder Chancen. - Bis die letzte Kugel gespielt ist, gibt es kaum eine Situation, die hoffnungslos ist. Selbst eine anfangs verworfene Kugel kann noch zur Punktbringerin werden.

Und deshalb ist das Boulespiel Pétanque für mich ein Hoffnungsspiel, ein Hoffnungsbild, ein Bild, das meinen Alltag, ja mein Leben spiegelt: Es gibt viel zu entscheiden - in der Familie, im Beruf, und dann gilt es die Entscheidungen durchzuführen. Ich brauche gar nicht konkret zu werden, denn jeder macht die Erfahrung: Wir planen, nehmen uns dieses oder jenes vor, da kommt etwas dazwischen, es läuft nicht so wie geplant, wir sind enttäuscht und manchmal auch mutlos.

Aber wie bei Pétanque eine zunächst verworfene Kugel, eine Kugel, die nicht so läuft wie geplant, noch zu einer guten werden kann, so ist es auch immer wieder im Leben.

Dabei muss klar sein: Das Pétanquespiel ist nicht der Grund meiner Hoffnung, das Pétanquespiel ist nur ein Bild. Der Grund meiner Hoffnung ist der, der mich trägt und hält und alles zum Guten führt.

ABS

Weißt du, was ein ABS ist? Neulich ließ ich mir von einem Fahrlehrer erklären, was es mit dem ABS auf sich hat.

ABS heißt Antiblockiersystem. Es geht dabei darum, dass beim Bremsen eines Kraftfahrzeuges die Räder blockieren können, wenn man aus Schreck oder Unerfahrenheit zu stark auf das Bremspedal tritt. Die Folgen können verheerend sein, denn das Fahrzeug lässt sich nicht mehr lenken. Der Fahrzeugführer kann die Fahrtrichtung nicht mehr beeinflussen. Wegen dieser Gefahren wurde das ABS erfunden. Ein ABS verhindert das Blockieren der Räder und damit die unangenehmen Folgen und Gefahren.

Mir fiel nun auf, dass ich selber auch ein ABS entwickelt habe.

Es gibt bei mir nämlich - wie bei dir sicher auch - Tage, an denen ich ohne ABS sehr leicht blockiert würde; dabei kann es sein, dass ich mir zu fest "getreten" vorkomme, wie jene Fahrzeugbremsen, die die Räder blockieren; oder es läuft einfach manches nicht so, wie ich es gerne hätte, oder sogar entgegengesetzt zu meinen Vorstellungen. Wenn es so ist, dann macht die Arbeit keinen Spaß, und die Freizeit wird langweilig, die Lust zu allem und jedem fehlt; sinnvolle Beschäftigung ist dann einfach nicht denkbar. Für die anderen würde ich dann möglicherweise

sogar eine Zumutung, für das Zusammenleben unge-
eignet, und das Schlimmste: ich könnte mich nicht
mehr lenken, so sehr wäre ich blockiert.

Und mein ABS? Wie lässt sich dieses blockiert
Werden verhindern?

Nun, ich sage mir vor allem in jenen Situatio-
nen, in denen es nicht nach meinen Vorstellungen
geht: "Nimm dich nicht so wichtig! Wer bist du denn,
hast du denn kein Vertrauen? Meinst du denn, du
müsstest oder könntest alles machen?"

Jetzt kannst du noch wissen wollen, wieso ich
mich nicht so wichtig zu nehmen brauche. Nun, es
genügt doch zu wissen, dass mich jener wichtig
nimmt, von dem ein Bild sagt, er habe meinen Namen
in seine Hand geschrieben, oder ein anderes, er habe
die Haare meines Hauptes gezählt.

Augenblick

Wenn du zusehen würdest, wie meine Frau und ich allabendlich unsere Kinder zu Bett bringen, dann könntest du denken: diese Routine, da sitzt jeder Griff - vom Baden und Zähneputzen über das Geschichtenerzählen bis zum Gespräch über den Tag - miteinander und mit Gott. Oberflächliche Routine, so mag es scheinen. Sie ist es aber nicht. Denn es gibt dabei viele Momente, die gerade das Gegenteil von Oberflächlichkeit durchscheinen lassen. Von einem solchen Augenblick möchte ich dir heute erzählen.

Er ist da, dieser Augenblick, wenn ich dem Sechsjährigen die Zähne putze. Natürlich kann er das auch selber - vielleicht sogar gründlicher, aber er hat es gerne, wenn ich es tue. Er steht dann vor mir am Waschbecken, hat seinen Kopf leicht nach hinten geneigt und schaut mich an, genauer: er schaut mir in die Augen - ich schaue ihm in die Augen. Sein Blick dauert nicht lange. Aber dieser kurze Blick - in dem Moment, in dem er ja - den Mund voller Schaum - nicht sprechen kann - sagt mehr als viele Worte. In diesem Blick drückt er seine ganze Dankbarkeit aus als wollte er sagen: es ist gut, dass du da bist, ich bin froh darüber, ich hab' dich gern - und das gleiche scheint er in meinem Blick zu lesen und zu verstehen.

In diesem Blick, in diesem Augen-Blick werden die Schwierigkeiten des Tages klein, größere und kleinere Auseinandersetzungen verlieren ihre Bedeutung. Die Alltagshetze wird fraglich. Dieser Augen-Blick verändert. Dieser Augen-Blick tröstet, befreit und hilft weiter auch nach einem schweren Tag.

Dieser Blick in die Tiefe des Herzens, den wir uns gegenseitig schenken, gibt mir Geborgenheit auch deshalb, weil er mich daran erinnert, dass mich einer im Blick hat, den die Alten so oft durch ein Auge symbolisierten.

Darf ich dir heute auch einen Augen-Blick wünschen?

Bequemlichkeit

Wer seine Wohnung komplett oder teilweise neu einrichten will, wer sich neue Kleider kauft, wer eine Busreise bucht, für den ist ein wichtiges Qualitätsmerkmal die Bequemlichkeit. Ein Sessel soll bequem sein - im Bus oder im Wohnzimmer. Die Geräte seien bequem zu bedienen. Schuhe sollen bequem sitzen. Wer zu Besuch kommt, dem wollen wir sagen können: Mach es dir bequem! Was nicht benutzerfreundlich, also bequem zu bedienen ist, seien es nun Geräte des Haushalts, der Unterhaltungselektronik oder auch anspruchsvolle Software für den PC, wird bei Testberichten abgewertet und kann nicht empfohlen werden. Selbstverständlich entscheiden wir uns für den Komfort, für das Leben erleichternde Annehmlichkeiten nach dem Motto: beschwerdelos, mühelos, angenehm, leicht. Und dies ist, so meine ich, in den genannten Beispielen berechtigt.

Gefährlich aber ist diese Anforderung - beschwerdelos, mühelos, angenehm, leicht - , wenn sich daraus eine Grundhaltung der Bequemlichkeit entwickelt, die sich so ausdrückt, wie neulich geschehen: Da sieht jemand von seinem Schreibtisch aus einem Verbrechen zu, hält es aber nicht für nötig, die Polizei zu rufen, obwohl dies gefahrlos möglich gewesen wäre. Bei der Zeugenvernehmung sagt er dann, er wollte keinen Ärger mit der Polizei kriegen.

Es ist auch nicht bequem, sich gegen Unrecht am Arbeitsplatz für eine Mitarbeiterin einzusetzen. Es ist nicht bequem, einem Mitschüler, der von Stärkeren gehänselt wird, beizustehen. Es ist nicht bequem, sich Kaffee oder Bananen im fairen Handel zu besorgen. Es ist auch nicht bequem und nur angenehm, seinen Mitmenschen so zu begegnen, wie man es sich von ihnen erwünscht.

Deshalb ist es leider auch nicht bequem, als Christ zu leben, weil jener Jesus, nach dem sich Christen doch richten sollten, klar und eindeutig fordert: "Alles, was ihr von anderen erwartet, das tut auch ihnen!"

Und jener Jesus weiß, dass dies eine unangenehme, unbequeme Aufforderung ist. Die bequeme Grundhaltung vergleicht er mit einem weiten Tor, einem breiten Weg, auf dem viele gehen, er führt zum Verderben.

"Aber das Tor, das zum Leben führt, ist eng, und der Weg dahin ist schmal", sagt er.

Sollten wir uns da nicht - um zu leben - aus mancher Bequemlichkeit aufrappeln?

Besuchen

Ferienzeit - das ist auch die Zeit für Besuche, Besuche bei Verwandten und Freunden, die nicht in der Nähe wohnen, zu denen der Kontakt manchmal jahrelang nur übers Telefon aufrechterhalten wurde. In den Ferien können wir uns wieder einmal zu ihnen aufmachen, können die Strapazen einer langen Fahrt auf uns nehmen, können ihnen zeigen, dass wir sie nicht vergessen haben. Und wenn wir uns sehr lange nicht gesehen haben, dann stellen wir aneinander viele Veränderungen fest, zunächst äußere wie schütteres oder graumeliertes Haar, dann aber auch solche innerer Art, z. B. gelassene Ruhe bei dem, der früher vielleicht fahrig und leicht reizbar war. Dann essen wir zusammen und tauschen - manchmal recht schwärmerisch und sehnsüchtig - Erinnerungen aus.

Aber besuchen wir uns nur, um eigentlich unbedeutende Veränderungen aneinander festzustellen und nostalgisch über die Vergangenheit zu schwärmen?

Dieser Tage habe ich wieder einmal eine uralte Geschichte gelesen. Ein Nomadengreis sitzt in der Mittagshitze am Zelteingang. Da kommt Besuch, der Alte eilt ihm entgegen und lädt ihn zum Essen, das seine Frau bereitet, ein. Es scheint ganz normal und üblich zuzugehen.

Aber dann wird nicht zurückgeblickt: Obwohl - oder - gerade weil der Besuch das Greisenpaar sehr gut kennt, blickt er nicht zurück, sondern nach vorne, und sagt dem alten Paar eine gute, ja unglaubliche Zukunft zu: Die alte Frau, die ihr Leben lang unter Kinderlosigkeit gelitten und deshalb Unrecht ertragen hat, soll ein Kind bekommen.

Dies ist so unglaublich, dass sie darüber nur lachen kann; sie "lacht still in sich hinein", heißt es. Dieses In-sich-hinein-Lachen bewegt mich, spricht mich an. Mir scheint, es ist ein Lachen, das die Frau von innerer Spannung und Angst frei macht, im Still-in-sich-hinein-Lachen leuchtet Hoffnung auf, wenn auch ganz und gar unfassbare, zaghafte Hoffnung. Und der ganze Besuch bei dem Greisenpaar hatte letztlich doch nur den Sinn, ihm Hoffnung zu machen.

Nun ist klar, was unseren Besuchen und Begegnungen - auch und gerade in den Ferien - eine besondere Qualität geben kann: Es kommt darauf an, ob es uns gelingt, einander Zuversicht zu geben und von Zukunftsangst frei machende Hoffnung zuzusagen. Und das kann sogar gelingen, wenn wir zurückblicken, uns erinnern und manche Freude, die wir gemeinsam erlebt haben, wieder aufleben lassen.

Boboli

Wieder einmal durfte ich Florenz besuchen, und wer es ein bisschen erlebt hat oder gar kennt, der weiß, welch hohen Rang als Zentrum von Kunst und Kultur sich diese Stadt seit der Renaissance bewahrt hat.

Ich sage dir gerne, was mich am meisten beeindruckt hat: Es waren die sogenannten Boboli-Sklaven von Michelangelo, von denen sich vier in der Galleria dell' Accademia befinden. Sie sind Gefangene des Steines, noch unvollendet. Stell dir vor: aus vier riesigen, roh behauenen Marmorquadern scheinen sich Gestalten freizukämpfen, von innen nach außen hervordrängend. Der Marmor erscheint wie die verbergende Hülle der im Block eingeschlossenen Figuren, und sie scheinen zu warten, bis ein Genie es versteht, sie aus ihrer Gefangenschaft zu befreien.

Welch ein Bild für uns Menschen?!

Werden wir nicht wie ein beinahe unbehauener Marmorblock ins Leben gerufen? Doch dann meißelt an uns nicht nur ein Genie wie Michelangelo. Es meißeln an uns die Eltern und Geschwister, Erzieher und Lehrer, Freunde und Feinde, ja jeder, der uns begegnet, ein bisschen - und natürlich meißeln entscheidend auch wir.

Doch zu welcher Figur? Zu welcher Vollendung? Legen wir wirklich frei, was in uns gelegt ist?

Von Michelangelo wissen wir, dass er aus einem von einem früheren Bildhauer schlecht ausgehauenen, etliche Tonnen schweren Block, der 35 Jahre im Hof der Florentiner Domhütte lag, weil sich kein Bildhauer an ihn heranwagte, seinen David vollendet geschaffen hat: ein "Musterbild an strotzender früher Männlichkeit auf dem Höhepunkt körperlicher Kraft und Anmut".

Das ist mir ein Hoffnungszeichen in meiner Gefangenschaft, für meinen täglichen Kampf um Vollkommenheit, bei dem ich immer wieder unterliege.

Denn ich darf vertrauen, dass ganz am Ende, so "verhauen / vermeißelt" ich auch sein mag, mich jenes Genie auch vollendet, das mich ins Leben gerufen hat.

Brief

In der Zeit um Weihnachten und den Jahreswechsel, da sind bei sehr vielen Menschen die Briefkästen besonders gefüllt. Und die Briefe, die einem ins Haus flattern, sind ganz unterschiedlichen Inhaltes.

Da gibt es etwa die Werbebriefe, die auf Sonderangebote hinweisen, die zum 31.12. auslaufen, oder die Bettelbriefe, deren Absender damit rechnen, dass in der weihnachtlichen Zeit die Herzen der Menschen spendenfreudiger sind als im Hochsommer. Versicherungen informieren über neu angepasste - meist erhöhte Prämien. Geschäftspartner, Verwandte und Freunde versenden Glück- und Segenswünsche zum Fest und fürs neue Jahr.

Neben den Briefen, die ganz genau auf diese Zeit zugeschnitten sind, finden sich selbstverständlich auch Briefe, die unabhängig von diesen Fest- und Feiertagen mit ihren Stimmungen und besonderen Motiven geschrieben werden.

Ich denke da besonders an Briefe, in denen Menschen sich über ihre Erlebnisse und Gedanken austauschen, über ihre Arbeit und ihre Freizeit, in denen sie einander sagen, was sie bedrückt und erfreut, was sie ängstigt und was ihnen Hoffnung macht. Ich denke auch an Briefe, die sich Liebende schicken, die sich ihre Zuneigung nicht nur in Worten kundtun, sondern auch durch die Gestaltung von Umschlag und Briefpapier.

Allen Briefen ist eines gemeinsam. Sie versuchen, eine Nachricht, eine Botschaft zu übermitteln, die den Empfänger anspricht, die ansprechend ist und bei ihm ankommt, Anklang findet, zur Antwort lockt. Und selbstverständlich ist die erhoffte Antwort, die gewünschte Reaktion, bei einem Bettelbrief ganz anders als etwa bei einem Liebesbrief, bei einem Werbebrief anders als bei einem Glückwunsch.

Was aber hat all das mit dir und mit mir zu tun?

Nun, ich glaube, dass jeder von uns ein Brief ist. Das gilt für dich und gilt für mich. Allein durch unser Dasein sind wir eine Botschaft für jeden, der uns begegnet.

Und als Christ darf ich gar darauf vertrauen, dass jeder Mensch, angefangen vom kleinsten Kind bis hin zum ältesten Greis, ein Brief Gottes ist, ein Zeichen für seine Zuneigung zu allen Menschen, ein Liebesbrief. Es liegt ganz allein an mir, ob ich diese Botschaft vernehmen lasse.

Ob du auch ein solcher Liebesbrief sein willst?

Bügeln

Es gibt Arbeiten, die viele Menschen deshalb als Anfechtung für ihre Wertschätzung erfahren, weil sie langweilig, stumpfsinnig, geistlos sind, aber doch immer wieder anfallen. Dabei handelt es sich vielfach um Arbeiten im Haushalt wie Spülen und Abtrocknen, Fegen und Putzen, Wäsche auf- und -abhängen oder Bügeln.

Diese Arbeiten bergen wenige Möglichkeiten für Phantasie, erfordern kaum Eigeninitiative, lassen zur Entdeckung von Neuem keine Kreativität zu. So bündelt sich in ihnen die ganze Härte der Arbeit als Erfahrung von Sinnlosigkeit, als Last, der man sich eben unterwerfen muss.

Muss aber solche Arbeit so negativ erlebt werden? Ich habe mich bei Zeitgenossen umgehört, wie sie mit einer solchen unaufschiebbaren, für unwürdig empfundenen Aufgabe umgehen. Ich habe mich dabei auf das Bügeln beschränkt.

Da gibt es den Familienvater, der das Bügeln mit einer zwar nicht kreativen, aber doch angenehmen Beschäftigung verbindet. Er hat sich ausbedungen, dass er dabei fernsehen darf, und er legt seine Bügelzeit auf den Termin einer unterhaltsamen oder spannenden Sendung. So verbindet er gleichsam das Mühevolle mit dem, was ihm auch zur Entspannung dient.

Eine Frau, die neben der Versorgung ihres fünfköpfigen Haushalts im Nebenberuf Lehrerin ist, hört sich beim Bügeln klassische Musik an; diese beruhigt und regt an zum Nachdenken und Planen, sie geht dabei Gedanken nach, die sie dann bei der Unterrichtsvorbereitung und bei der Gestaltung des Unterrichts verwenden kann.

Dann gibt es noch den Mann, der bügelt immer dann, wenn er damit seiner Frau eine Freude machen kann, weil sie gerade ehrenamtlich unterwegs ist und das Bügeln auf den nächsten Tag schieben müsste. Er hat nicht so viel Übung, aber bei der manchmal über drei Stunden dauernden Bügelaktion denkt er an diejenigen, die die T-Shirts, die Hemden, die Hosen wieder tragen werden, begleitet so seine Frau, seine Kinder auf den Wegen der nächsten Wochen, erinnert sich an die Gäste, die am Festtagstisch saßen, den die geradezu bügelnde Tischdecke schmückte. Für ihn ist Bügeln Zeit der Erinnerung und der begleitenden Liebe.

Ob dir die eine oder andere Sinngebung für stupide empfundene Arbeiten auch möglich ist?

Danke

Silvester. Seit Weihnachten knallt es in meiner Wohngegend. Übermütige - vielleicht auch gelangweilte junge Leute können es nicht aushalten, ihre Böller und Kracher und Raketen noch aufzubewahren. Und so gibt es niemanden bei uns, der etwa den Jahreswechsel verpassen könnte.

Silvester. Wie viele werde ich den Abend mit Menschen verbringen, die mir nahestehen. Wir werden spielen, uns unterhalten und vielleicht auch tanzen. Bei den Gesprächen können sich die Augen noch einmal öffnen, um auf das vergangene Jahr zurückzublicken. Dabei werden nicht so sehr die großen Ereignisse in Politik und Kirche, in Staat und Gesellschaft im Mittelpunkt stehen, es wird um ganz persönliche Dinge, um ganz persönliche Erlebnisse gehen. Von einem solchen Erlebnis will ich erzählen.

Mit einem Dutzend Leuten ganz unterschiedlichen Alters war ich ein paar Mal eingeladen zu meditativem Tanzen. Dabei bewegen sich die teilnehmenden Tänzerinnen und Tänzer zu Melodien und Liedern verschiedenster Völker und Kulturen. Diese Melodien schaffen eine ruhige, heilsame, vielleicht darf ich gar sagen eine "heilige", eine sakrale Atmosphäre. Körper und Geist entkrampfen, entspannen, werden ruhig und locker, erholen sich. Wie die Tänzerinnen und Tänzer sich um eine Mitte bewegen, die etwa durch eine Kerze, eine Wurzel, eine Blume gestaltet ist, so kreisen auch die Gedanken und Gefühle um zentrale Themen des Lebens: Wo ist Licht zu erhoffen, wenn es in mir und um mich dunkel ist, wenn ich nicht mehr weiter weiß? Wo sind meine Wurzeln, aus denen ich lebe, die mich halten und mir Kraft weitergeben? Wo kann ich aufblühen, mich entfalten, entwickeln und frische Farben in das Leben anderer bringen?

Silvester. Ich habe das Erlebnis sakralen Tanzens geschenkt bekommen. Und es ist selbstverständlich, für ein Geschenk zu danken. Ich werde, wenn das Jahr durchaus laut mit Böllern und Krachern und Raketen unüberhörbar zur Neige geht, für dieses Geschenk ein leises, ruhiges, aber ebenso unüberhörbares Danke sagen.

Und was hat das mit dir zu tun? Vielleicht hast du ja noch Zeit darüber nachzudenken, wem und wofür du in der letzten Nacht des Jahres danken willst?

Elisabeth

Was tun wir nicht alles, damit wir tüchtige, geistig und körperlich gebildete Menschen werden und bleiben:

Wir lernen Sprachen, neue und alte, um uns mit Menschen anderer Länder besser zu verständigen, um aus der Geschichte und aus Geschichten längst vergangener Kulturen Schlüsse zu ziehen und Anregungen fürs Heute zu erhalten.

Wir lernen logische Zusammenhänge durchschauen, hantieren mit imaginären Bereichen, unterscheiden alle möglichen Endlich- und Unendlichkeiten, und Einsteins Relativitätstheorien, die besondere wie die allgemeine, sind uns ebenso ein Begriff wie Heisenbergs Unschärferelationen.

Wir können mitreden, wenn es um Ribonuklein- oder Desoxyribonukleinsäure geht, und haben die Bilder vom genetischen Code im Hinterkopf, und die wesentlichen Werke der Literaturnobelpreisträger haben wir gelesen oder können sie wenigstens aufzählen.

Und natürlich kennen wir uns bei Mozart und Beethoven aus, können nach einem kurzen Blick Van Gogh von Cézanne oder Nolde von Marc unterscheiden, und unseren Körper halten wir fit durch Waldlauf oder Bodybuilding, je nachdem, wofür Mediziner sich gerade stark machen.

Und unsere Kinder erziehen wir nicht, ohne Erkenntnisse von Pestalozzi, Montessori oder Piaget zu berücksichtigen.

Ja, wir sind sehr gebildet und auch körperlich tüchtig - und dürften uns auch etwas darauf einbilden, käme nicht einer daher und würde sagen: Das ist alles nichts - und zwar dann, wenn du die Liebe nicht hast. Dann kannst du in den Sprachen der Menschen und Engel reden, ohne Liebe redest du Blech, bist ein Lärmer, ein Krachmacher, dann kannst du wissen, so viel du willst, Diplome, Doktor- und Ehrendoktorhüte, ganz gleich welcher Fakultäten, dutzendweise auf deinem Haupt stapeln - ohne Liebe bist du nichts.

Daran denke ich am Fest jener thüringischen Elisabeth, die sich vor über 750 Jahren, 24-jährig, aus Liebe verzehrte.

Fanblock

Der Karlsruher Sportclub hatte ein Heimspiel; mit jugendlichen Freunden machte ich mich auf den Weg zum Wildparkstadion; wir erhofften ein spannendes Spiel, und die Sonne war freundlich zu uns. Am Haupteingang standen wir Schlange; doch als wir an der Reihe waren, gab es keine Jugendkarten mehr für den gewünschten Block A; man verwies uns an den Eingang auf der anderen Seite des Stadions; und tatsächlich erhielten wir dort noch genügend Eintrittskarten.

Wir stiegen die Treppen zum uns unbekannten Block E empor und siehe da: Wir fanden uns umringt von Hunderten von Fans der gegnerischen Mannschaft. Eine lange Anreise hatten sie hinter sich, und jetzt harrten sie singend und fahnenschwingend auf den Auftritt ihrer Mannschaft. Bei der Vorstellung ihrer Spieler jubelten sie bei jedem Namen. Beim Aufzählen der KSC-Spieler quittierten sie jeden Jubel der Karlsruher Fans mit einer litaneienartig vorgetragenen Beleidigung. Chor und Gegenchor schwappten hin und her.

Das Spiel begann, und was sich schon vor dem Spiel andeutete, setzte sich fort. Gleiche Aktionen wurden unterschiedlich empfunden: Wurde ein Karlsruher Spieler gefoult und wir fanden es ganz selbstverständlich, dass der Schiedsrichter dies ahndete, so erhoben die uns umgebenden Fans zum Zeichen ihrer Ablehnung ein gellendes Pfeifkonzert. Wurde uns angst und bange, weil ihre Spieler dem KSC-Tor bedrohlich nahe kamen, feuerten sie diese an; sie stöhnten bei vergebenen Chancen ihrer Mannschaft, während uns das gerade recht war; und als zu unserer Freude Karlsruher Tore ihre Niederlage besiegelten, forderten einige von ihnen aus Enttäuschung den Hinauswurf des Trainers. Nahezu jeden Vorgang auf dem Rasen sahen und erlebten sie anders als wir.

So fühlten wir gegensätzlich auf engstem Raum: Zustimmung und Ablehnung, Enttäuschung und Begeisterung, Freude und Frustration. Diese hautnahe, unmittelbare Erfahrung zeigte uns ganz deutlich, wie sehr unser Fühlen und Empfinden, unser Denken und Handeln geprägt sind von der Herkunft, vom eigenen Standpunkt. Und deshalb war es ganz einfach, diese gegnerischen Fans zu verstehen. Wir brauchten nicht unsere Empfindungen hinauszuposaunen, was sie provoziert hätte, wir brauchten uns nur in ihre Lage hineinzuversetzen, um sie zu begreifen.

Und ich frage mich: Ist es nicht auch bei Konflikten im Alltag so, in der Familie, unter Nachbarn, an Arbeitsplatz oder Stammtisch? Was wäre, wenn es uns gelänge, vom jeweils anderen her, von seiner Sehweise, seinen Erfahrungen her ein Problem zu betrachten?

Ferienkurs

Freust du dich auch auf Ferien oder Urlaub, oder gar auf den Ruhestand, auf die Möglichkeit, mal richtig auszuschlafen, alle beruflichen Verpflichtungen zu vergessen, den Tag nach eigenem Gutdünken einzuteilen, Musik und Kunst zu genießen, das eine oder andere Hobby zu pflegen?

Wenn du dich auch darauf freust, dann geht es dir wie mir, und ich darf dir sagen, worauf ich mich am meisten freue:

Mit Kindern zusammen sein, mit ihnen spielen, ihre Unbekümmertheit erleben, ja gleichsam selber in diese ihre unbekümmerte Gelassenheit eintauchen, sie mitleben. - Warum?

Nun, Kinder können sich ganz an etwas hingeben. Sie können im Spiel Zeit und Raum und sich selber vergessen. Sie hören und sehen dann nichts mehr. Wann gelingt mir das schon im Alltag?

Kinder sind spontan und kreativ. Sie sprühen geradezu voller Ideen. Mit Kindern ist mir noch nie langweilig geworden. Wir Erwachsenen haben uns angewöhnt, sehr oft die Wörtchen "Wenn" und "Aber" zu verwenden; sie entsprechen vielleicht unserem Verstand, der jede Entscheidung lange klärend und abwägend vor sich herschiebt. Kinder entscheiden sorglos.

Außerdem sind Kinder Meister im Sich-beschenken-Lassen. Sie können sich riesig freuen und sagen nie: "das wäre aber wirklich nicht nötig gewesen". Und genauso selbstverständlich, wie sie einfach da sind, genauso selbstverständlich ist es für sie, dass ich für sie da bin, dass ich meine Zeit mit ihnen teile, mich ihnen widme, Geschenk für sie bin.

Ich darf es bei diesen drei Aussagen belassen: Kinder können sich ganz in etwas vertiefen. Sie sind spontan und schöpferisch. Kinder verstehen es, sich beschenken zu lassen.

Wenn ich das bedenke, so wundert es mich nicht, dass Jesus uns die Kinder zum Vorbild gibt, wenn er sagt: "Menschen wie diesen gehört das Himmelreich." Das heißt doch: Wenn unser Leben nicht aufgehen soll in Mühe und Kummer und Sorge, wenn es hier und jetzt schon glücklich und sinnvoll erfahren werden soll, dann können wir das bei Kindern lernen.

Jetzt kann ich es auch anders formulieren, worauf ich mich besonders freue: Ich wünsche mir ganz einfach einen Kurs bei Kindern, in dem mir vielleicht keine Inhalte vermittelt werden, aber für Mensch Sein und Kind Werden unverzichtbare Grundhaltungen.

Darf ich auch dir einen solchen Ferienkurs wünschen?

Filippo

Wer heute fragt, was ein Heiliger ist, was er tut, was er denkt, welche Beweggründe er hat, der kann zur Antwort bekommen: ein Heiliger, der lebt religiös, sein Lebenswandel ist vollkommen, makellos und vorbildlich, ein Heiliger ist einfach anders.

Anders als wer? müsste man weiter fragen.

Ja anders als ich, anders als wir heute, wir, die wir häufig gefangen sind von der Sorge ums tägliche Ein- und Auskommen, gefangen im Trott des Alltags, der Hausarbeit, des Berufes, gefangen auch in unserer "rationalen Verklemmung", wenn wir nur gelten lassen, was unser Verstand, unser schlussfolgernd-logisches Denken nahelegt, oder was unsere Konventionen zulassen. Ein Heiliger ist also anders als ein Gefangener.

Ich erzähle dir dies, weil ich an einen Mann denke, der zu Lebzeiten als "Spaßvogel und Tagdieb Gottes" bezeichnet wurde: Filippo Neri.

Von ihm heißt es: "Er ist fromm. Und zwar nicht nur ein bisschen fromm, verschämt und irgendwie. Maßlos fromm ist der junge Filippo Neri. Fromm bis über beide Ohren." Er hatte sein Studium abgebrochen, weil im Vorlesungssaal ein Kruzifix hing, vor dem er immer in Tränen ausbrach. Wie ein Süchtiger pilgert er von einer römischen Wallfahrtskirche zur anderen. Man lacht ihn aus, reagiert also, wie die meisten von uns wohl auch reagieren würden, aber er ist nicht beleidigt, nein, er lacht herzlich mit denen, die ihn auslachen, mit. Er ist so frei, dass er Witze über sich selbst machen kann, auch über den Papst und die Kardinäle.

Wie unkonventionell frei er ist, verdeutlicht eine Anekdote aus seinem Todesjahr 1595: Der Papst erkrankte schwer an Gicht. Filippo wird in den Vatikan gerufen. Stundenlang hält er die Hand des Papstes. Als das nichts nützt, steigt der 80-jährige kurzerhand zum Papst ins Bett und legt sich, ohne jeden Respekt, keuchend dem Heiligen Vater auf die Brust. Die Kardinäle sind aufs äußerste befremdet. Der Papst aber ist von Stund an gesund.

Für mich steht fest: ein Heiliger ist ein Freier, ein Befreiter, wie Filippo Neri, der sogar alles anders macht als der nächstbeste Heilige.

Woher hat er diese Freiheit? Einmal gesteht er es: "Ich bin wund vor Liebe zu Gott."

Darf ich dir ein bisschen Heiligkeit wünschen?

Frederick

Kennst du Frederick? Vor mir liegt ein Buch über Frederick von Leo Leoni, eigentlich ein Kinderbuch, ein Bilderbuch, und Frederick ist eine Feldmaus, natürlich eine besondere, denn während die Mäusefamilie für den Winter Körner, Nüsse, Weizen und Stroh sammelt, sammelt Frederick Sonnenstrahlen, Farben und Wörter.

Als sich nun im Winter die Mäuse an Stroh und Körner kaum noch erinnern konnten, weil alles aufgeknappert war, als in der Kälte keine mehr etwas sagen wollte, da fiel ihnen Frederick ein. Und sie baten ihn um seinen Vorrat.

Und Frederick erzählt nun von der Sonne, von blauen, roten und gelben Blumen und grünen Blättern und trägt den Mäusen ein Gedicht über die Jahreszeiten vor. Den Mäusen wurde es ganz warm, sie sahen die Farben ganz deutlich vor sich, sie freuten sich über das Gedicht und klatschten Beifall.

Wer täglich die Nachrichten – ganz gleich in welchen Medien - verfolgt, muss den Eindruck gewinnen, dass kalter, dunkler, grauer Winter ist, den wir alle erleben.

Und wo ist Frederick - mit seinen Sonnenstrahlen und Farben? Frederick heißt Friedensfürst. Und Friedensfürst heißt der, dessen Geburt an Weihnachten gefeiert wurde. Und wenn Weihnachten nicht nur ein Märchen war, wenn es stimmt, dass der menschenfreundliche Gott selbst Mensch wurde, dass er unser Bruder wurde, dass er unsere Not, unsere graue Kälte kennt, dass er mit uns an ihr leidet, weil er auf unserer Seite steht, dann könnte er als unser Sonnenstrahl uns allen Zuversicht geben.

Wir Christen sind zuversichtlich: Die Nachricht von Weihnachten, die Nachricht vom menschenfreundlichen Gott, die Nachricht vom Gott auf der Seite der Menschen bringt Licht in unser Dunkel. Und indem wir selber menschenfreundlich leben, geben wir diese Zuversicht, diese Nachricht vom menschenfreundlichen Gott weiter, bringen wir Sonnenstrahlen in den dunkeln, kalten Winter, werden wir selber Frederick.

Freude

Es ist Montagmorgen, kurz vor 6 Uhr. Der 13-jährige Julian ist früh aufgestanden, er deckt für seine Familie den Frühstückstisch, kocht Tee und Kaffee, besorgt Brötchen, überfliegt den Sportteil der Zeitung und legt sie für die andern bereit; dann richtet er seine Schultasche und geht dabei Stunde für Stunde des Vormittags durch.

Doch da - plötzlich trifft es ihn wie ein Stich in die Seite: Wo ist der Geldbeutel - mit dem Taschengeld, mit seinen Ausweisen, mit der Monatskarte für Bahn und Bus?

Er durchsucht die Kleider, die er am Wochenende getragen hatte, die Hemden, die Hosen. Am Samstag war er doch noch mit Freunden mit der Straßenbahn unterwegs. Da wurde er doch noch kontrolliert.

Im Haus wird es lebendig. Geschwister und Eltern kommen zum Frühstück. Julian erzählt von seiner vergeblichen Suche. Die andern löchern ihn mit Fragen: Hast du schon unter dem Bett gesucht, in der Schreibtischschublade, im Wäschekorb ganz unten? Manche Frage bejaht er, wenn nicht macht er sich auf den Weg und sucht an den vorgeschlagenen Orten. Dann helfen alle beim Suchen mit. Doch ohne Erfolg.

Die Mutter schreibt nun einen Brief an die Schule mit der Bitte um einen neuen Schulausweis und eine Bescheinigung für eine neue Monatskarte. Julian bringt den Brief zum Sekretariat. Dann sitzt er im Unterricht. Doch der geht an ihm vorbei. Mit den gewünschten Bestätigungen macht er sich auf den Heimweg.

Die Mutter ruft bei den Verkehrsbetrieben an. Ja, da müsse er eben eine neue Karte kaufen. Wegen des Ausweises solle er gleich am Mittag vorbeikommen. Aber da wollte er doch in die Fußball-AG, um beim nächsten Turnier in der Schülermannschaft mitspielen zu können - und später zur Orchesterprobe fürs nächste Konzert.

Und noch einmal helfen alle beim Suchen, wenden Kissen, schütteln Decken, rollen Läufer zusammen. Und da - eine schmale Hand ergattert den gesuchten Beutel aus dem Spalt zwischen zwei Sesseln. Und die Augen von Julian glänzen feucht. Er strahlt über das ganze Gesicht und mit ihm freuen sich alle.

Und einer erzählt die Geschichte von der Frau, die eine von zehn Silbermünzen verliert, das ganze Haus auf den Kopf stellt, bis sie sie findet, und dann ihre Freundinnen und Nachbarinnen zusammenruft und sie auffordert, sich mit ihr zu freuen, - und von der frohen Botschaft für uns alle, die lautet: "Genauso freuen sich die Engel Gottes über einen einzigen Sünder, der ein neues Leben anfängt."

Fußball

Wenn es um Fußball geht – dann ist auch der Papst ein gesuchter und sachkundiger Gesprächspartner.

Offensichtlich sind Christen dem Fußballsport gegenüber sehr aufgeschlossen. Deshalb ist es, so meine ich, auch einmal erlaubt zu fragen, wie eine typisch christliche Fußballmannschaft spielen müsste. Sollte sie vor allem Ballsicherung beherrschen? Bräuchte sie einen Strafstoßspezialisten? Sollten die Außen mehr verteidigen oder stürmen?

Nun, ich meine, das erste ist: Christen müssten aus der Tiefe kommen. Aus der Tiefe kommt eine Mannschaft mit Spielwitz und Schnelligkeit. Der Christ sollte in die Tiefe seines Herzens hören und versuchen daraus zu leben. Dazu ist es nötig, sich freien Raum zu schaffen. Im Fußball besorgt das ein begnadeter Mittelfeldregisseur mit einem 40-Meter-Paß. Dazu braucht er Mut und Phantasie. Mit etwas Mut und Phantasie schafft der Christ sich auch im Alltagsstress den nötigen Freiraum, und er vertrödelt ihn nicht, er nutzt ihn wie der wieselflinke Außenstürmer, der den freien Raum erläuft, in den der 40-Meter-Paß unterwegs ist.

Schlecht steht es um den Christen, wenn er sich einigelt, wenn er nur noch von Befreiungsschlägen zu überleben versucht, wenn er mit seinen Mitspielern das Spiel nicht mehr konstruktiv gestalten kann, wenn ihm seine Mitmenschen gleichgültig geworden sind, oder wenn das Spiel an ihm vorbeiläuft. Christsein ist ein Mannschaftsspiel.

Und noch etwas sollte eine christliche Mannschaft beherrschen: Sie sollte siegen wollen, aber verlieren können - zweite werden, und trotzdem fair bleiben, scheitern können und scheitern dürfen, das scheint mir am schwersten erlernbar.

Willst du es heute einmal mit einer christlichen Trainingseinheit versuchen? Dann verschaffe dir Freiraum, um aus der Tiefe zu kommen, und nutze ihn, vergiss nicht den einen oder anderen Doppelpass mit deinen Mitmenschen. Wenn du so spielst, ist auch eine Niederlage ein Gewinn.

Glücklich

Peter ist 19 geworden, den Führerschein hat er gemacht und verliebt ist er in Claudia. Peter verdient nicht viel als Aushilfskraft bei einem Gemüsehändler auf dem Wochenmarkt. Da geht es Claudia gut, sie geht noch zur Schule und verfügt über ein ansehnliches Taschengeld.

Heute gehen sie zusammen essen - aber nicht in ein Schnellrestaurant, wo man sich selber bedienen muss, nein: in ein richtiges Lokal, mit Bedienung, mit antikem Mobiliar geschmackvoll eingerichtet.

Sie wählen ihr Menü, unterhalten sich über die neuesten CDs, das Kinoprogramm der nächsten Woche, über Freunde und Mitschülerinnen, sie träumen von den nächsten Ferien, das Essen schmeckt ausgezeichnet.

Als es ans Bezahlen geht, sagt Peter: "Es geht alles zusammen", und drückt der Bedienung einen Fünfzigeuroschein in die Hand, sagt: "Es ist recht so", als er die Rechnung über 46 Euro sieht. Ganz schnell muss es gehen, denn bisher hat Claudia immer selber bezahlt. Jetzt ist sie überrascht, sagt nur: "Aber Peter, du weißt doch..."

Peter ist glücklich. Er wollte Claudia zeigen, dass er für sie gespart hatte. Dann bringt er Claudia in Vaters Auto nach Hause.

Als er wieder allein im Auto sitzt, da schaut er sich die Rechnung nochmal an. Da war genau aufgelistet, was sie gegessen und getrunken hatten. Und er stellt fest: Die Bedienung hat vergessen, das letzte Spezi für vier Euro zu berechnen.

Vier Euro - was ist das schon? Für Peter ist es viel. Aber Peter ist ganz sicher, weiß genau, was er tut. Er fährt zum Lokal zurück, tritt ein und geht mit dem Zettel in der Hand auf die Bedienung, die sich gerade an der Theke mit Getränken belädt, zu, sagt: "Sie haben da etwas vergessen." - "Ich weiß schon, das letzte Spezi - ich hab's gemerkt, aber da waren Sie schon fort. - Und jetzt sind Sie extra noch 'mal zurückgefahren?" - "Selbstverständlich", sagt Peter und gibt ihr fünf Euro. - "Das hab' ich noch nie erlebt", sagt sie strahlend. Und Peter stammelt vor Glück: "Dann hätten Sie ja gar nichts von meinem Trinkgeld gehabt."

Wieder im Auto ist es Peter, als müsste er hüpfen vor Freude. Er erinnert sich nicht daran, dass er in seinem Innern jemals so zufrieden mit sich war wie heute.

Hände

Der Bildausschnitt, den ich vor mir sehe, zeigt drei Hände. Zwei linke Hände. Eine rechte Hand. Die eine linke Hand ist abgemagert. Nur von faltiger Haut sind die Hand- und Fingerknochen überzogen. Diese linke Hand liegt in den beiden anderen, den kleineren Händen, die sie sorgsam wie eine Schale unterfangen. Es sind die Hände einer Frau. Ihre Finger berühren zärtlich die knochige Hand, massieren mit leichter Bewegung mit Daumen und Zeigefinger den Handrücken und die Handinnenfläche, reiben einfühlsam deren Finger - von der Wurzel zu den Nägeln und wieder zurück - vom Daumen zum kleinen Finger - immer wieder. Eine heilige Stille liegt über der Szene. Niemand spricht auch nur ein Sterbenswörtchen. So ist es schon eine gute Zeit.

Nun blicke ich zum Gesicht des Sterbenden. Die schmerzverzerrte Miene, mit der er noch vor einiger Zeit stöhnte, ist einem ruhigen Antlitz gewichen. Ganz sachte geht der Atem. Fast unsichtbar öffnen sich immer wieder die hellwachen Augen. Sie suchen und finden Blickkontakt mit der Frau. Ein sanftes Lächeln legt sich über das Antlitz. Die Atmosphäre ist dicht, voller Erfüllung und Zufriedenheit, voller Lösung und Gelassenheit.

Auch die rechte Hand des Sterbenden empfängt die zärtliche Kosung. Und seine Augen, sein

Blick erwidern diese und schenken der Frau und mir Frieden. Ohne Worte bin ich ganz hineingenommen in das tiefe Geschehen. Keine Zeit ist vorhanden. Ewiges Glück ist im Raum. Und tiefe Dankbarkeit.

Beim Abschied sagen wir nicht "Auf Wiedersehen!" Der Sterbende sagt strahlend "Danke" und wir schließen uns seinem Dank an. Wir sind dankbar für das Geschenk zeitloser Zuneigung. Und wenn ich es richtig erinnere, so meine ich, in seinem strahlenden Antlitz die Zuneigung eines ganz Anderen gesehen zu haben.

Herbst

Der Herbst ist die günstigste Zeit, um den Garten für ein neues, fruchtbares Jahr vorzubereiten. Diese Vorbereitung umfasst vor allem die Arbeiten Säubern und Lockern, Nähren und Schützen, genauer: Alle Beete werden nach der Ernte von Althölzern und Unkraut gesäubert, der Boden wird gründlich gelockert, damit er Luft und Wasser zulässt; dann werden die Beete mit Kompost versorgt und mit einer warmen Mulchdecke aus Laub, Gras oder zerkleinertem Unkraut überzogen.

Gesäubert, gelockert, genährt und geschützt ist der Garten bereit für ein neues, fruchtbares Jahr. jetzt hat er Zeit zum Sammeln neuer Kräfte. Und er braucht diese Zeit, denn die Natur lässt sich nicht erpressen.

Und wir Menschen? Auch wir brauchen immer wieder Zeit der Erholung, der Besinnung, Zeit zum Sammeln neuer Kräfte, um wie der Garten gute Frucht zu bringen. Und darin scheint mir auch der Sinn des Feiertages Buß- und Bettag zu liegen.

Buße meint sicher zunächst den Mut, sich in Frage stellen zu lassen, zu bekennen, dass wir nicht nur gute Früchte tragen, sondern auch manches Unkraut hervorbringen, dass wir schuldig werden vor Gott, vor den Mitmenschen und vor uns selber.

Dann meint Buße aber auch die Bereitschaft, sich die Schuld vergeben zu lassen. Und wer Vergebung erfahren hat, weiß, wie befreiend sie ist, wie sie uns Menschen - vergleichbar dem gründlich gelockerten luftdurchlässigen Boden - wieder aufatmen lässt.

So ist es jedenfalls bei den Menschen, denen Jesus Vergebung zusagt, denn sie erfahren Gott als einen bedingungslosen Liebhaber, der sie nährt und schützt, mehr als der Gärtner seine Beete, der dem Schuldigen entgegeneilt, ihn umarmt und zu neuem Leben ermuntert.

Gott als Liebhaber zu erfahren, ist nicht leicht, meint nicht jenes Gerede: "Ich liebe Gott und Gott liebt mich!" Vielleicht ist Gott nur als Liebhaber zu erfahren, wenn ich - wie der Garten im Spätherbst und Winter - ganz ruhig werde und bete.

Himmelfahrt

Was ist das für ein Fest, Christi Himmelfahrt? Warum soll man es feiern, wenn einer wegfährt? Und dazu noch einer, der es so gut mit den Menschen meinte, der sich gerade mit denen abgegeben hat, die von anderen weggeschoben wurden, mit den Armen und Kranken und den Verachteten?

Kann man es feiern, wenn der weggeht, der vorgelebt hat, wie es richtig ist, der weder sich noch andere geschont hat, wenn es darauf ankam, den Weg zu glückendem Leben zu gehen oder zu zeigen? Müsste man da nicht eher traurig sein, wenn der treue und zuverlässige Wegbegleiter sich verabschiedet?

Die Fragen sind sicher berechtigt, aber nur, solange sie so alleine im Raum stehen bleiben. Ergänzen wir sie doch durch andere Fragen: Wohin geht er? Himmelfahrt ist missverständlich, mag an Astro- oder Kosmonauten erinnern, gemeint aber ist ganz einfach: Er geht zum Vater.

Und wo ist der Vater? mag einer weiter wissen wollen: Wo ist Gott? Nun, Gott, sein Vater, ist gerade der, dessen Name "Jahwe" es doch sagt, wo er ist: Er ist der dem Menschen Nahe, der ihm zur Seite steht, der ihn durchträgt durch Ängste und Nöte und Leid, die er ihm allerdings nicht erspart. Wenn wir also feiern, dass Jesus zu seinem Vater gegangen ist, dann feiern wir nicht seine Abwesenheit, sondern seine neue Nähe: der gekreuzigte Jesus von Nazareth ist uns heute - nach 2000 Jahren - nahe, weil er beim Vater ist und mit ihm wirkt. Auch wenn wir sein Wirken manchmal nur schwer oder gar nicht erkennen, dürfen wir seiner Zusage, die weltweit verkündet wird, trauen: "Sieh da! Ich bin mit euch durch das All der Tage bis zum Voll-Ende der Weltzeit."

Hören

Hast du schon einmal Radio gehört? Dann hast Du Ohren. Ja, du liest richtig. Du hast Ohren, und deshalb hörst du.

"Das ist doch selbstverständlich", sagst du, "Ohren, um zu hören, wozu denn sonst sind meine Ohren; weil ich Ohren habe, kann ich hören und höre ich." Und einem, der nicht hören will, sagt man schon 'mal: "Hast du denn keine Ohren?" Und er hat Ohren.

Aber offensichtlich braucht man deshalb noch lange nicht hören. Man kann auch nur mit halbem Ohr hören oder ganz weghören, die Ohren auf Durchzug stellen. Dann hört man nichts und hat doch Ohren. Und es ist sogar gut, dass wir beim Hören zuhören und weghören können, dass wir nicht alles hören müssen, was zu hören ist, dass wir auswählen und überhören können.

Doch da widerspricht mir jener Mann aus Nazaret: "Wer Ohren hat, der höre!" sagt er - keinen Widerspruch duldend, streng und intolerant. "Wer Ohren hat, der höre!" ruft er den Menschen zu.

Nun, er sagt es in Bezug auf das, was er sagt: Wer ihn hört, darf nicht weghören. Es ist ungeheuer: bei jedem anderen mag es gut sein, auch mal nur halb hören oder gar weghören zu können, abschalten zu dürfen - auch mich darfst du ruhig „überhören" und weglegen.

Vielleicht willst du aber noch wissen: Was hat er denn zu sagen, jener Mann aus Nazareth?

Wenn ich es dir ganz kurz sagen, ganz kurz zusammenfassen soll, so höre ich ihn sagen: Gott liebt die Menschen. Diese Botschaft verkündet er in vielen Bildern und Gleichnissen, er handelt danach, wenn er seine Mitmenschen heil macht an Leib und Seele, er lebt diese Botschaft von der Geburt bis zum Tod; und Gott sagt Ja dazu. Hier dürfen wir nicht weghören. Hier müssen wir hören. Und hören heißt hier: beherzigen, und das heißt: wir sollen es leben.

Wer Ohren hat, der höre: Gott liebt die Menschen, und ihr, ihr Menschen, hört nicht weg, wenn ihr gebraucht werdet, sondern gebt diese Liebe weiter!

JA sei JA

Bei vielen Zeitgenossen - und vielleicht auch bei dir - ernte ich höchstens ein müdes Lächeln, wenn ich es wage zuzugeben, mich vom biblischen Wort für den Alltag inspirieren zu lassen. Ich versuche es alleine und in der Gemeinde und zweimal im Monat auch in der Gemeinschaft mit kaum mehr als einer Handvoll suchender Menschen. Wir erzählen uns vom Alltag, singen und beten zusammen, und dann lesen wir einen Text aus der Bibel, werden still und sagen uns, wie wir den Text erleben, welche Erfahrungen er deutet, welche Befreiung er wirkt, welche Veränderungen er von uns fordert. Wir lassen uns Zeit und versuchen, einander zu verstehen. Wir sind fröhlich und ernst, gelassen und heiter.

Vielleicht sagst du jetzt: "Das kann ich nicht, ich hab' keine Zeit!" Doch das ist eine Lüge. Du solltest stattdessen sagen: "Ich will es nicht! Ich habe keinen Bock!" Das wäre ehrlich! Denn für das, was wir wollen, haben wir Zeit. Was wir wollen, das machen wir auch.

Das Gefährliche an solcher Lüge ist, dass sie akzeptiert wird: Keiner macht dir oder mir Vorwürfe, wenn wir keine Zeit haben, zeigt es doch, wie bedeutend und angesehen wir sind.

Aber ist es nicht schlimm, so zu tun, als ob etwas anderes uns abhält von dem, was wir eigentlich wollen? Ist es nicht schlimm, so zu tun, als ob etwas anderes uns zum "Nein!" zwingt, obwohl wir "Ja!" wollen?

Dieses so-Tun-als-ob durchschauen wir selbst nicht mehr, ja, dieses "Keine-Zeit-haben " als galanteste Ausrede ist geradezu der perfekte Ausdruck dafür, dass wir selbst uns belügen, wir glauben es manchmal selber, sind Gefangene dieser Lüge.

Und weil diese Gefangenschaft so schlimm ist, uns ja nicht einmal mehr wollen lässt, will Jesus unsere Befreiung, wenn er sagt: "Euer Ja sei ein Ja, euer Nein ein Nein!"

Das Bedenken und Ernstnehmen dieses kleinen Sätzchens kann uns helfen, unser Lügen zu durchschauen, kann uns befreien zum eigenen, selbst verantworteten Wollen.

Ich weiß, sich aufzumachen, von der Bibel den Staub wegzublasen, auf sie zu hören, braucht Willen und Zeit.

Aber gerade das letzte hast du ja! - Oder?

Kleider

Geht es dir auch manchmal so, dass du morgens vor dem Kleiderschrank stehst und nicht weißt, was du anziehen sollst? Dies kann natürlich ganz unterschiedliche Gründe haben.

Vielleicht weißt du nicht, was für ein Wetter dich erwartet: Ist es warm, ist es kalt? Wird es halten oder sich ändern? Wie war noch der Wetterbericht? Oder aber du blickst auf die große Auswahl von Hemden, Hosen oder Röcken, Blusen, Kleidern und Pullovern und stellst fest: So eigentlich passen sie ja gar nicht zu meinem heutigen Gefühl. Und dabei sagst du dir: Hab' ich das nicht erst letztes Jahr gekauft. Da war es doch ganz schick. Da hab' ich es doch bei jeder Gelegenheit getragen.

Ja, und dann entdeckst du da vielleicht ein Kleidungsstück, das du schon Jahre übersehen hast, und es ist genau das, was heute zu dir passt, in dem du dich jetzt wohlfühlen kannst.

Allerdings kann es auch sein, dass gerade Kleidungsstücke, die du zu einem besonderen Fest gekauft hast, zu Erstkommunion, Konfirmation, Schulabschluss oder Hochzeit zwar einen besonderen Platz im Kleiderschrank haben, aber der Versuch, diese anzuziehen, scheitert an der längst überschrittenen Kleidungsgröße. Als ich diese Feststellung neulich bei meinem Hochzeitsanzug machte, war es ganz praktisch, dass gerade einer meiner Söhne so 'was "Dunkles" benötigte, und siehe da: Das teuerste Stück im ganzen Schrank war für ihn geradezu ideal geschnitten.

Und wenn du gar nichts Passendes mehr findest? Dann ist es höchste Zeit, vorhandene Kleider abzuändern, zu weiten, zu verlängern oder aber sich von ihnen zu trennen und sich auf den Weg zu machen, um neue zu kaufen.

Sicher ist meine Aufzählung der Möglichkeiten, zur passenden Bekleidung für jeden Tag zu kommen, nicht vollständig, denn der Kreativität und Vielfalt sind keine Grenzen gesetzt.

Doch, was soll dieses Nachdenken über unsern Kleiderwechsel eigentlich?

Mir scheint, dass der Wechsel unserer Kleidung, ob von Tag zu Tag oder aber in größeren Zeiträumen, dass dieses Gefühl: "das passt heute nicht oder nicht mehr zu mir" uns in Erinnerung rufen könnte, dass es auch andere Dinge gibt, die sich in unserem Leben wandeln, ja wandeln müssen. Ich denke da vor allem an den Glauben. Ich mache immer wieder die Erfahrung, dass Menschen sagen, sie könnten nicht mehr glauben, und dabei meinen Sie nur: "Meine Kinderkleidung passt mir nicht mehr." Was in Kindertagen ihres Glaubens richtig war, wollen sie nicht wachsen und reifen lassen. Oder sie finden nicht den richtigen "Laden" mit dem passenden Angebot.

Gerne gebe ich zu, dass es leichter ist, sich auf die Suche nach neuer Kleidung zu machen, wenn man aus der alten herausgewachsen ist oder sie nicht mehr zum neuen Lebensgefühl passt, als nach Angeboten Ausschau zu halten, die ein angemessenes Gedeihen eines tragfähigen Glaubens ermöglichen.

Ob du dich trotzdem mutig aufmachst, aus den Kinderschuhen des Glaubens herauszukommen?

König

Darf ich dir heute die Königsfrage stellen? "Bist du ein König?"

Sicher wirst du sagen: Das kommt ganz darauf an, was du darunter verstehst. Versuchen wir also einmal über das Königsein nachzudenken.

Als Kinder spielten wir oft Völkerball, und auch heute noch kommt dieses Bewegungsspiel ab und an im Schulsport oder auf Kinderfreizeiten vor. Dabei spielen zwei Mannschaften gegeneinander - jede geführt von einem König. Fast jeder will der König sein, denn dann gilt er als der beste Spieler, er hat drei Leben, ist damit dreimal so viel wert und dreimal so mächtig wie die anderen. Und der König ist beim Völkerball meist für den Sieg entscheidend.

Auch beim Schachspiel dreht sich alles um den König. Notfalls werden alle anderen Figuren geopfert, um den gegnerischen König matt zu setzen oder den eigenen vor dieser Schmach zu bewahren. Und selbst in der Niederlage zeigt sich seine Majestät in der Unantastbarkeit: Als einzige Figur kann der König niemals geschlagen werden. Ein Zug bevor dies geschehen müsste, ist das Spiel zu Ende.

Völkerball und Schach und viele andere Spiele zeigen: Ein König ist eine ganz besondere Gestalt. Und wenn in Märchen, Romanen und Filmen von Königinnen oder Königen die Rede ist, verbinden wir mit dem Königtum Eigenschaften wie majestätischer Glanz, souveräne Macht, feudale Herrlichkeit. Die Vorstellung eines solchen Herrschertums ist uns zwar angesichts vieler Demokratien fremd geworden, hat aber ihre mythische Anziehungskraft bewahrt, vielleicht gerade weil sie mit Macht und Gewalt, Herrschaft und Unterdrückung verbunden ist.

Von einer ganz anderen Art, König zu sein und zu herrschen, lese ich in den Erzählungen von Ereignissen, die sich vor der Hinrichtung Jesu abspielen. So belehrt er zum Abschied seine Freunde etwa mit den Worten: "Ihr wisst, dass die, die als Herrscher gelten, ihre Völker unterdrücken und die Mächtigen ihre Macht über die Menschen missbrauchen. Bei euch aber soll es nicht so sein, sondern wer bei euch groß sein will, der soll euer Diener sein, und wer bei euch der Erste sein will, soll der Sklave aller sein."

Und beim Abschiedsmahl verdeutlicht er dies seinen Freunden bei der Fußwaschung: „Wenn nun ich, der Herr und Meister, euch die Füße gewaschen habe, dann müsst auch ihr einander die Füße waschen. Ich habe euch ein Beispiel gegeben, damit auch ihr so handelt, wie ich an euch gehandelt habe."

In dieser Haltung kann er die "Königsfrage" des Pilatus: "Also bist du doch ein König?" bejahen: "Du sagst es, ich bin ein König. Ich bin dazu geboren, und dazu in die Welt gekommen, dass ich für die Wahrheit Zeugnis ablege."

Wenn Christen Jesus als König feiern, dann ehren sie gerade den König, der für Gottes Liebe zu uns Menschen Zeugnis ablegt, der sich selber zum Niedrigsten macht, indem er Diener aller wird, an dem wir uns ein Beispiel nehmen sollen.

Darf ich dir in diesem Sinne noch einmal die Königsfrage stellen:

"Bist du ein König?"

Krippe sein

Ob Weihnachten, Ostern oder Hochsommer, bei uns hängt sie immer an der Wand, die Holztafel eines afrikanischen Künstlers, der in seiner Art, aus seinem Erleben, aus seiner Erfahrung das Weihnachtsgeschehen ausgedrückt hat.

Ein Detail an seiner Darstellung lässt mich nicht los. Auf dieser Holztafel liegt das Kind nicht in einer Futterkrippe, wie es in gewohnten Darstellungen gezeigt wird. Das Kind liegt auch nicht in oder auf einer Windel, nicht auf Stroh; weder Ochs noch Esel wärmen es durch ihren Atem. Maria kniet auch nicht betend davor. Nein - so nicht. Die Mutter sitzt auf dem Boden, sie umarmt das Kind in ihrem Schoß, neigt sich zu ihm, gibt ihm Geborgenheit, schützt es. Ja, diese Mutter ist selber Krippe für das Kind. Sie ist selber Stroh und Windel, Ochs und Esel.

Warum mich das nicht loslässt? Weil ich das auch kann: Krippe sein. Stroh und Windel sein, Ochs und Esel sein, das kann ich auch: Meiner Frau, meinen Kindern, meinen Enkelkindern, sie achten, ehren, gern haben.

Ja, Krippe sein kann ich auch denen, von denen ich abhängig bin, und denen, die von mir abhängig sind. Manchmal fordert es nur Anstrengung, manchmal auch Überwindung.

Warum ich es dir erzähle?

Weil du es auch kannst! Zum Beispiel heute – und morgen – und jeden Tag!

Lesen lernen

Ich weiß nicht, wie du lesen gelernt hast, ich weiß es nicht einmal mehr von mir selber. Aber zurzeit werde ich immer wieder darauf hingewiesen, wie es mit dir oder auch mit mir gewesen sein könnte. Denn unser ältester Sohn ist im "Leselernalter".

Schon lange erkannte und malte er seinen Namen. Mit der Zeit lernte er auch andere Buchstaben benennen, ja er konnte bald ganze Wörter perfekt buchstabieren. Aber den Zusammenhang von Buchstaben sehen, sie als Wörter auffassen, also eigentlich lesen konnte er damit noch nicht.

Doch auf einmal ging es durch ihn wie ein Jubelschrei: "Mama, ich sehe jetzt die Buchstaben als Wort." Sein strahlendes Gesicht verriet sein großes Glück und seine Freude.

Nun, ich scheue mich nicht, dir zu sagen, was mich bei diesem Erlebnis bewegt: Mir scheint es, als wäre ich selber in mancher Hinsicht beim "Buchstabieren". Darf ich dir einiges vorbuchstabieren?

- Eine Frau, die sich vorbehaltlos seit über 50 Jahren ihrem Mann und ihren Kindern verschenkt.

- Ein Mann, der Menschen, die am Ende sind, nicht nur Mut zum Neuanfang macht, sondern auf eigene Kosten Arbeit gibt, der seinen Reichtum einsetzt für Menschen ohne Chance.

- Ein Mädchen von 16 Jahren, das seine Mitschülerin, die voller Probleme zusammensinkt, in den Arm nimmt.

- Ein Mann, der nicht müde wird, Familien zu besuchen, und ihnen Mut zum Beten macht.

- Eine Frau, die seit Jahren in ihrer Gemeinde für Jugendliche einfach da ist, mit ihren bescheidenen Mitteln hilft, wo Not ist.

- Ein Fernsehmoderator, der unbeirrt von Politikern und Theologen eine Politik im Geiste der Bergpredigt fordert, die Frieden möglich macht.

Ich überlasse es nun dir, weitere Buchstaben zu entdecken, und ich überlasse es dir auch, herauszufinden, welchen Zusammenhang diese Buchstaben ergeben.

Fang an, lesen zu lernen. Vielleicht wirst du sogar selber ein Buchstabe?

Misereor

Associated Press meldete, was die Deutschen zur Weißglut treibt: Es sind 65 %, die durch unpünktliche Handwerker in äußerste Wut versetzt werden, die Steuererklärung bringt 62 % in Rage, 61 % werden wütend wegen der Wartezeit beim Hausarzt; das Warten vor Supermarktkassen bringt 57 % auf die Palme und 53 % finden das Suchen nach Parkplätzen nervenaufreibend.

Meine Zeitung platziert diese Meldung eingerahmt auf der ersten Seite. Da beginne ich zu träumen.

Ich träume von meinen Freunden in Südamerika. Ich sehe sie auf der Suche nach Menschen, die ihnen beim Aufbau eines Hauses helfen, auch wenn sie keine Handwerker sind. Sie kommen einen Tag, dann bleiben sie wieder Wochen weg. Ich sehe sie, wie sie Menschen Lesen und Schreiben lehren, die keine Steuererklärung abgeben dürfen, sie haben mit keinem Finanzamt zu tun und für sie werden wohl nie öffentliche Gelder verwendet werden. Ich sehe sie mit Kindern, die nie beim Hausarzt warten müssen - weil es für sie keinen gibt. Ich sehe sie auch bei Familien ohne Väter, die warten, aber nicht vor den Kassen von Supermärkten. Sie warten an den Hintertüren der Markthalle, dort, wo die Abfälle des Tages sich türmen. Sie durchstöbern den Müll und teilen sich mit herumschwirrenden Insekten verfaulte Obststücke. Die Freunde meiner Freunde, von denen ich träume, haben auch noch nie einen Parkplatz gesucht.

Da wache ich auf aus meinem Traum. Wo das Warten auf Handwerker, bei Ärzten, an Supermarktkassen die Menschen zur Weißglut bringt, findet eine Aktion statt. Die Menschen wollen teilen. Nicht nur ihre Wünsche und Hoffnungen, die ja recht leicht über die Lippen kommen können, nein, auch Materielles. Sie wollen ein Zeichen setzen. Ihre Gabe soll zum Beitrag werden für eine Welt, in der alle leben können. Und die finanzielle Gabe ermöglicht auch meinen Freunden in Lateinamerika, den Menschen, die dort warten, zu helfen, sich selber zu helfen.

Mut

Es ist eine unerhörte Geschichte, die ich erzählen will: Da ging ein Mensch außer Landes und vertraute seinen Dienern sein Hab und Gut an; dem einen gab er fünf Talente, dem anderen zwei und dem dritten eins: jedem nach seiner Tüchtigkeit. Nach langer Zeit kehrte er zurück und rechnete mit seinen Dienern ab. Da trat der Empfänger der fünf Talente heran und brachte weitere fünf Talente. Der Herr lobte ihn: Sehr gut, du bist ein tüchtiger und treuer Mann. Du hast dich in kleinen Dingen als zuverlässig erwiesen, darum werde ich dir auch Größeres anvertrauen. Komm zu meinem Fest und freu dich mit mir. Auch den zweiten, der seine zwei Talente verdoppelt hatte, lobte er und lud ihn ein zu seinem Fest.

Der dritte aber entschuldigte sich: Herr, ich habe dich kennengelernt: Du bist ein harter Mensch. Du erntest, wo du nicht gesät, und sammelst, wo du nicht ausgestreut hast. Deshalb hatte ich Angst und habe dein Geld vergraben. Hier hast du es zurück.

Wer nun meint, der Herr war froh, dass er sein Geld wieder zurückbekommen hatte, der täuscht sich. Nein, Faulpelz und Taugenichts nannte er diesen dritten Diener. Wenigstens zur Bank hätte er das Geld bringen können, um Zinsen zu erwirtschaften, aber vergraben? Das war das Schlimmste, was er tun konnte. Und deshalb ließ der Herr kein gutes Haar an ihm und verurteilte sein Verhalten radikal.

Ich glaube, diese Geschichte kann Mut machen – auch wenn man dies erst auf den zweiten Blick erkennen kann. Der Schlüsselsatz ist für mich das Bekenntnis des dritten Dieners, der sagt: Ich hatte Angst. Er hatte Angst, vor dem Herrn, wenn er wiederkommt, bestehen zu können. Und diese Angst lässt ihn versagen. Die Angst engt ihn ein, macht ihn handlungsunfähig. Wer überängstlich um sein eigenes Bestehen besorgt ist und gar nicht merkt, dass er damit die ihm geschenkten Möglichkeiten brachliegen lässt, der versagt wie der dritte Diener.

Andersherum ausgedrückt, sagt mir also diese Geschichte: Sei mutig! Hab keine Angst! Du brauchst nicht die ganze Zeit darauf bedacht sein, nur ja keinen Fehler zu machen, um einmal gerecht dazustehen, sondern pack' die dir gestellten Aufgaben mutig an.

Und eine besondere Bedeutung bekommt diese Mutgeschichte dann, wenn ich mit dem Reisenden gar Gott in Verbindung bringe. Dann sagt er mir: Du brauchst dich nicht darum zu kümmern, wie du einmal vor mir bestehen kannst, wenn du nur das im Sinn hast, verschläfst du die Zeit. Riskier lieber den Einsatz für deine Nächsten. - Den Mut dazu wünsch' ich uns allen.

Mutter

Wer von Gott oder mit Gott spricht, stellt sich immer Gott vor. Und da er als Mensch von oder mit Gott spricht, sind seine Vorstellungen menschliche Vorstellungen von Gott. Zumindest dass man über oder zu Gott sprechen kann, muss sich vorstellen, wer von oder mit Gott spricht. Ohne Vorstellungen geht es nicht.

Auch wer nichts von Gott wissen will, hat eine Vorstellung von Gott, ja, es ist sogar so, dass jemand, der Gott ablehnt, wohl zunächst gar nicht ihn selber zurückweist, sondern nur eine bestimmte Vorstellung von ihm.

Wer etwa Gott als Opa mit Rauschebart ablehnt, hat vielleicht die Vorstellung: Gott ist vertrottelt und hat in unserer modernen Welt nichts zu suchen. Oder wer Gott als Oberaufseher ablehnt, hat die Vorstellung: Gott achtet nur auf Fehler, die der Mensch macht, und freut sich diebisch, wenn er wieder einen erwischt hat. Wer Gott im Namen der leidenden Kreatur ablehnt, hat möglicherweise die Vorstellung: Gott muss alles Leid, alle Trauer, ja letztlich den Tod verhindern.

Wer dann die Vorstellung von Gott, die er zurückweist, für absolut, endgültig und abgeschlossen hält, der kommt zur Überzeugung: Gott existiert überhaupt nicht, er ist nichts anderes als eine menschliche Vorstellung, ein Wunschtraum. Dieser Schluss, diese Folgerung ist natürlich falsch: Wenn ich erkenne, dass die Vorstellung, die ich mir von jemandem gemacht habe, falsch ist, so heißt das doch nicht, dass es diesen Menschen nicht gibt. Es heißt nur: Dieser Mensch passt nicht in mein Bild.

Und wie Menschen in kein Bild passen, so passt auch Gott in kein Bild. Das Bild von Gott, die menschliche Vorstellung von Gott, darf nicht mit der Wirklichkeit Gottes verwechselt werden.

Das gilt auch für die berühmte Vorstellung von Gott als Vater. Wer etwa Gefahr läuft, mit diesem Bild Gott selber gleichsam "wegzuwerfen", weil er mit dem eigenen Vater ungute Erfahrungen gemacht hat, der - und nicht nur er - sollte diese Vorstellung ruhig durch das Bild von Gott als Mutter ergänzen. Dabei kann er sich sogar auf ein gutes Vorbild berufen. So lässt Jesaja, der große Prophet des Ersten Testamentes, Gott selber sagen: "Wie eine Mutter ihren Sohn tröstet, so tröste ich euch."

Aber auch dieses Bild, das alle sehr gut nachempfinden können, die wie ich eine weise liebende Freundin als Mutter haben durften, kann Gott nicht fassen. Denn das einzige, was an ihm fassbar ist, ist seine Unfassbarkeit.

Vielleicht möchtest du heute einmal deine eigenen Vorstellungen von Gott überdenken?

Myriam

"Unser Sohn ist das schönste Kind im ganzen Krankenhaus", erzählte gestern stolz ein frischgebackener Vater. Und jeder konnte ihm die Freude über den Nachwuchs im Gesicht ablesen. Und kein Mensch käme auf den Gedanken, ihn zu fragen: "Hast du denn alle Kinder gesehen?" Da hätte man ihn gründlich missverstanden. Was wollte er denn sagen - doch nur: "Ich bin ganz glücklich, ich freue mich riesig über das Kind, bin froh, dass alles gut gegangen ist, dass die lange Wartezeit endlich zu Ende ist." Ja, seine Aussage hat er nicht mit dem Verstand gemacht, er hat aus seinem Herzen gesprochen.

Wer aber aus seinem Herzen sprechen will, der muss es füllen. Er darf nicht, was um ihn herum geschieht, überhören, übersehen - er muss aufmerken können. Ebenso wenig darf er sich hetzen lassen von Nachrichten und Meinungen, die sich täglich überschlagen - er muss sich Zeit lassen können. Und er darf auch nicht jede Begebenheit nur rational durchleuchten - er muss bereit sein, Geschehnisse auf sich wirken zu lassen, sie zu durchleben, zu Erlebnissen werden zu lassen.

Vielleicht darf ich es dir noch an einem anderen Beispiel verdeutlichen, das mich immer wieder fasziniert:

Über eine junge Frau, die bei den wichtigsten Ereignissen der Weltgeschichte dabei war, habe ich gelesen, dass sie alles, was geschehen war, in ihrem Herzen bewahrte und bedachte. Dabei waren die Ereignisse für sie nicht nur so erfreulich wie beim anfangs genannten Vater; sie waren sogar eine Zumutung, eine Provokation, absolut unverständlich, ja, sie hätte sie wohl am liebsten ungeschehen gemacht, weil sie tief in Schmerz und Leid führten. Trotzdem, sie bewahrte und bedachte es in ihrem Herzen.

Sie hat nicht weggesehen, als es schlimm war, nicht diskutiert, als es schwer verständlich war, sie hat das Geschehen nicht zerredet, als es unglaublich war.

Und darin ist sie mir Vorbild, jene Myriam, die vor fast 2000 Jahren ihren Sohn, den ja kaum einer verstanden hat, bis in den Tod mit dem Herzen begleitet hat.

Nörgler

Da liegt sie also vor mir, die Aussage eines Wissenschaftlers, der sich besonders mit den gesellschaftlichen Veränderungen befasst hat.

Er sagt: Die Menschen werden zunehmend um ihr Ego, ihr Ich, kreisen. Die Empfindlichkeit gegen andere, die mir in die Quere kommen, wird zunehmen. Der Typus des Nörglers wird zahlreicher sein.

Diese Prognose vom zunehmenden Kreisen ums Ich, von der Empfindlichkeit gegen andere, von der wachsenden Zahl der Nörgler macht mir Angst, und ich will auch sagen, warum.

Nörgler sind Menschen, die sich gern in den Vordergrund drängen, das große Wort führen, alles besser wissen. Sie ziehen über Politik, Wirtschaft, Schule oder Kirche her. Aber nicht konstruktiv, aufbauend, sondern zerstörend. Nörgler übernehmen auch keine Verantwortung. Sie können dies auch nicht, denn niemand kann Verantwortung übernehmen, wenn er es nötig hat, um sich zu kreisen. Verantwortung übernimmt jemand, dessen Ich gefestigt ist, und er übernimmt diese Verantwortung für andere, nicht gegen sie.

Wenn es immer mehr ich-schwache Nörgler geben wird, wer wird dann die Verantwortung übernehmen, auf der Seite der Armen der Welt die größte sichtbare Aufgabe für heute und morgen anzupacken,

nämlich die Beseitigung von Armut und Verelen-
dung?

Ich hoffe, dass sich die Prognose nicht erfüllt,
ich hoffe, dass immer mehr Menschen zu ich-starken
Persönlichkeiten heranreifen, wie es der Rabbi von
Worki im folgenden Gleichnis erzählt:

"Ein Kaufmann wollte auf Reisen gehen. Er
nahm sich einen Gehilfen und stellte ihn in den Laden; er selbst hielt sich zumeist in der angrenzenden
Stube auf. Von da aus hörte er im ersten Jahr zuwei-
len, wie der Gehilfe zu einem Käufer sagte: 'So billig
kann es der Herr nicht hergeben.' Der Kaufmann reis-
te nicht. Im zweiten Jahr vernahm er mitunter von
nebenan: 'So billig können wir's nicht hergeben.' Er
verschob noch die Reise. Aber im dritten Jahr hieß es:
'So billig kann ich's nicht hergeben.' Da trat er seine
Reise an."

Normen

Normen bestimmen unseren Alltag, ob wir es merken oder nicht. Spätestens in der Schule erfahren die Kinder den Unterschied zwischen DIN A4 und DIN A5, und wenn sie den ersten Fahrradschlauch wechseln, achten sie genau auf die angegebenen Maße, verwenden die richtigen Schraubenschlüssel. Niemand wundert sich, dass die unterschiedlichen Glühbirnen in die Fassungen passen, dass für den unbrauchbar gewordenen Küchenherd Modelle beliebig vieler Hersteller zu finden sind, die alle exakt die hinterlassene Lücke füllen. Ja, es ist eine Selbstverständlichkeit, dass ich im Urlaub, wo immer ich bin, passende Ersatzbatterien oder Speicherkarten für meine Kamera finde und an den Geldautomaten auch im Ausland mit meiner Scheckkarte Geld abheben kann.

Normen helfen im Alltag. Sie entstehen durch planmäßige Vereinheitlichung von Gegensätzen zum Nutzen der Allgemeinheit. Dabei ist das Wort Nutzen nicht einfach positiv zu verstehen. Denn auch Kriegstreiber und Waffenschieber nutzen die Normierung von allerlei Kriegsgerät und Munition, und der Missbrauch von Scheckkarten nimmt Jahr für Jahr zu. Normen sind also durchaus neutral; sie können missbraucht werden. Ob sie sinnvoll genutzt werden, hängt von denen ab, die sich ihrer bedienen.

Auch unser Zusammenleben ist von Normen bestimmt, ob wir es merken oder nicht. Und die Normen für gelingendes Zusammenleben?

Es kann ein beglückendes Erlebnis sein, wenn eine Familie es sich z. B. zur Regel , zur Norm, gemacht hat, sich einmal in der Woche zusammenzusetzen, gemeinsam zu essen, sich auszutauschen, einander zuzuhören, sich Zeit miteinander zu lassen. Dies kann so normal geworden sein, dass niemand mehr merkt, wie sehr dies ihren Zusammenhalt fördert und das Wohlbefinden der einzelnen stärkt.

Es kann aber auch sein, dass es beim gemeinsamen Essen eher zu Streit, zu Vorwürfen und Zerwürfnissen kommt, so dass die gemeinsame Zeit als vertan empfunden wird. Ob die Norm sinnvoll genutzt wird, hängt auch hier von denen ab, die sich ihrer bedienen, die nach ihr leben.

Sollten wir uns wieder einmal auf den Sinn der einen oder anderen Norm, die unser Leben bestimmt, besinnen, ihren Sinn hinterfragen?

Öffnen

Unsere Häuser haben alle eine Haustür. Und so unterschiedlich die Haustüren auch sein mögen, aus Holz oder Metall, mit Eisen beschlagen oder mit Intarsien verziert, bunt bemalt oder dezent der Hausfarbe angepasst, uralt oder modern, sie alle haben zwei Aufgaben: schließen und öffnen, zwei Zustände: geschlossen und offen.

Geschlossen schützen sie den Hausrat und die Hausbewohner vor ungebetenen Gästen, weisen Unbefugte ab. Offen dagegen laden sie zum Eintreten ein und ermöglichen auch das Hinausgehen, geben den Weg frei - hinaus und hinein.

Manchmal komme ich mir vor wie ein Haus mit verschlossener Tür. Ich bin abweisend, lasse keinen an mich heran, gehe nicht aus mir heraus, will meine Ruhe haben, bin nicht ansprechbar: ich höre nichts: ich bin taub, ich sage nichts: ich bin stumm, taubstumm also bin ich: die Tür ist zu.

Und alle, die mit mir zu tun haben, finden es schlimm. Wie schön wäre es dann, wenn einer die Tür zu mir öffnete, mir die Ohren aufrisse und meine Zunge von ihrer Fessel befreite?

Wenn es dir auch manchmal so geht, dann wirst du sicher verstehen, warum mir die Geschichte von dem Mann aus Nazareth so nahegeht, der zum Taubstummen einfach sagt: Effata! Öffne dich! Von ihm erzählen seine Zeitgenossen: "er hat alles gut gemacht; er macht, dass die Tauben hören und die Stummen sprechen."

Und ich darf hinzufügen: Er tut es noch heute - manchmal bei mir.

Ostern

Wann ist eigentlich Ostern? Ist Ostern in zehn Tagen? Und danach ist es vorbei? Und es kommt wieder ein Jahr später und so weiter und so fort? Kann man nur nach Ostern fragen, wie nach den Jahreszeiten, nach dem Frühling, dem Sommer, dem Herbst und dem Winter, die kommen und gehen und wiederkommen?

Ich sitze am Krankenbett eines Freundes. Seine Krankheit, die ihn vor zwei Wochen niederstreckte, ist unerbittlich. Die Ärzte haben ihn aufgegeben: er werde wohl nur noch zwei Tage bei Bewusstsein bleiben. - Und wir sprechen von Ostern.

Von der Osternacht zunächst, wie er sie sich vorstellt im Freiburger Münster, mit dem Bischof umgeben von Schwestern, denn Ostern ist Neubeginn, Zeichen neuen Lebens, neuen Denkens - auch in der Kirche.

Und wir sprechen von der Wüste, vom Kaktus in der Wüste, stachelig, abweisend, aber doch blühend. Blühen in der Wüste - Ostern in der Trockenheit des Lebens. Und die Männer der Wüste? Abraham etwa? Er hätte sich einrichten können, er konnte zufrieden sein, er hatte genügend Land und konnte sich bei seiner Verwandtschaft geborgen und sicher fühlen. Doch der Herr sprach: Zieh weg aus deinem

Land, von deiner Verwandtschaft und aus deinem Vaterhaus. Ein Segen sollst du sein. Ostern heißt aufbrechen, Gewohntes hinter sich lassen, Sicherheit aufs Spiel setzen, um Segen zu werden.

Und Jakob, Abrahams Enkel? Man könnte ihn den Träumer nennen. Im Traum sah er eine Treppe von der Erde bis zum Himmel. Und vom oberen Ende der Treppe ruft Gott dem Träumer Jakob zu: Ich bin mit dir, ich behüte dich, wohin du auch gehst, und bringe dich zurück in dieses Land. Denn ich verlasse dich nicht, bis ich vollbringe, was ich versprochen habe.

Und mein Freund sagt: Das ist meine Geschichte. Das ist mein Ostern. Und mein Ostern ist nahe.

Wann ist also eigentlich Ostern?

Ostern ist, wenn ich neu beginne, neu lebe, neu denke, wenn ich Gewohntes zurücklasse und Sicherheit aufgebe. Ostern ist, wenn ich Segen werde. Und Ostern ist auch, wenn mein stacheliges Leben von jenem zum Blühen gebracht wird, von dem Jakob träumt.

Ostern kann heute sein, und jeden Tag.

Paulus

Wer die Tageszeitung aufschlägt, der braucht nicht lange zu suchen, um Meldungen über Unrecht, Habgier und Bosheit, über Neid, Mord und Streit, über Unzucht, Jähzorn und Eigennutz zu finden. Und es bedarf keines großen Scharfsinns, um entdecken zu können, dass überall dort, wo solches geschieht, die menschliche Gemeinschaft nicht vorangebracht wird, sondern Schaden erleidet. Stellen wir uns einmal vor, in was für einem Klima wir arbeiten würden, wenn *alle* Menschen an unserem Arbeitsplatz, der auch das Zuhause sein kann, Gottes Gebote ernstnehmen würden! Es ist nicht auszudenken.

Wir sehen: Wenn Gott uns Weisungen gibt, gibt er sie nicht, damit wir uns den Himmel verdienen - den kann er uns ja schenken -, die Weisungen, nach denen zu leben er uns *nicht* zwingen kann, gibt er uns, damit wir gut zusammenleben können. Und wer das gute gelingende Zusammenleben aller Menschen will, dem kann es nicht gleichgültig sein, ob Gottes Weisungen beachtet werden oder nicht.

Genauso denkt Paulus *vor* seiner Berufung zum Apostel; und er setzte sich für Gottes Weisungen ein, weil es ihm um Gott und seinen guten Willen für die Menschen ging. So sehr setzte er sich dafür ein, dass er versuchte diejenigen restlos auszumerzen, die behaupteten, der am Kreuze hingerichtete Jesus sei auferstanden, sei der Messias.

Doch auf dem Weg, die Christen in Damaskus auszurotten, erkennt Paulus - gleichsam in einem Augenblick höchster Klarheit: Dieser Jesus lebt, es gibt einen Menschen, über den der Tod keine Macht mehr hat. Und dieser auferweckte Christus wird Paulus wichtiger als die Weisungen, die uns zu einem guten Leben führen sollten. Denn die Weisungen Gottes zeigen zwar, dass es Gott mit uns gut meint, aber sie vermitteln uns Menschen nicht die nötige Kraft, Gottes Willen vollkommen zu tun. Auf diese Unfähigkeit der Gebote hat Gott reagiert. Er hat sich uns Menschen in Jesus Christus geschenkt, damit wir aus ihm die Kraft für ein gutes Leben schöpfen. Und weiter erkennt Paulus: Gott erwartet von uns nichts anderes mehr, als diesem Christus zu glauben, uns ihm anzuvertrauen.

Und Paulus geht es nur noch um eines: Alle Menschen sollen den Zugang zu Jesus Christus finden. Dafür setzt er sich ein, dafür gibt er sein Leben.

Philosophie

Monatelang war Jostein Gaarders Roman über die Geschichte der Philosophie mit dem Titel Sofies Welt auf der Literatur-Bestsellerliste ganz oben zu finden und erhielt sogar den Deutschen Jugendliteraturpreis. Auf über 600 Seiten versteht es der Autor mit diesem "Kriminal- und Abenteuerroman des Denkens" die Leser zu fesseln. Dabei geht es diesem Philosophieroman um Ideen vom Sinn des Lebens, vom Wesen der Welt, von der Stellung des Menschen in der Welt, wie sie im Laufe der Geschichte gedacht worden sind.

Seit einigen Jahren wird das hehre Wort "Philosophie" aber auch in einem ganz anderen Zusammenhang verwendet. So spricht man z.B. von einer Unternehmensphilosophie und meint damit das Prinzip eines Unternehmens, seine inneren Leit- und Grundsätze, die Werte und die Verantwortung, zu denen sich das Unternehmen bekennt. Eine solche Philosophie gibt den Mitarbeiterinnen und Mitarbeitern eines Unternehmens Orientierung und Motivation bei ihrer Arbeit.

Nun, was für ein Unternehmen gut ist, kann auch für eine christliche Gemeinde gut sein. So habe ich neulich mit einer Gruppe engagierter Christen über die Philosophie ihrer Gemeinde nachgedacht.

Für mich war erstaunlich, dass sie sich sehr bald auf eine Maxime, eine Leitidee, einigen konnten und dieser Grundsatz war ganz kurz. Er lautete: "Wir sind von Gott geliebt und anerkannt." Und daraus ergaben sich dann Ziele wie: Dieses geliebt Sein wollen wir weitergeben. Auch wir wollen einander anerkennen. Wir übernehmen Verantwortung dafür, dass jeder dieses geliebt Sein durch Gott erfahren kann. Wir rufen alle Gemeindemitglieder auf, dabei mitzumachen. In unseren Festen bringen wir dieses geliebt Sein zum Ausdruck.

Diese engagierten Christen können sich in ihrer Gemeinde an ihrer Leitidee orientieren und in Zeiten nachlassender Motivation aufrichten.

Ich denke, was gut ist für ein Unternehmen, was gut ist für eine Gemeinde, kann auch gut sein für dich oder für mich als Einzelpersonen. Deshalb wünsche ich dir und mir die Gelegenheit, allein oder in Gemeinschaft mit anderen einmal über die uns je eigenen Leit- und Grundsätze nachzudenken.

Und wenn es uns schwerfällt, unsere eigene Philosophie zu finden oder zu formulieren, dürfen wir doch wohl den Satz, den jene Gemeinde gefunden hat, zu unserem eigenen machen und danach leben: "Wir sind von Gott geliebt und anerkannt."

Pilze

Weil Pilze eiweißreich, nahrhaft und wohlschmeckend sind, sind sie beliebte Nahrungs- und Genussmittel. Doch neben den essbaren Pilzen mit so herrlichen Namen wie Pfifferling, Steinpilz, Hallimasch oder Speisemorchel gibt es manche, die ungenießbar sind, und einige, wie der Gallenröhrling, der Giftreizker oder der Knollenblätterpilz, sind gar giftig. Sie bewirken Erbrechen, Bewusstlosigkeit, Bewusstseinstrübung oder Gelbsucht. Und leider sterben immer wieder Menschen an Pilzvergiftungen, weil manche Giftpilze Doppelgänger von genießbaren Pilzen sind. Und als Doppelgänger ist etwa der Satansröhrling nur schwer vom genießbaren Hexenröhrling zu unterscheiden.

Nun, warum erzähle ich dir das alles? Ich kann dich ja nicht in diesen wenigen Sätzen zum Pilzkenner machen. Und ich will es auch nicht.

Mir scheint aber das Nachdenken über Pilze ist zugleich auch ein Nachdenken über uns Menschen:

Wir Menschen sind wie Pilze. Manchmal sind wir freundlich, zuvorkommend, wir hören einander zu, und es ist wirklich ein Genuss, miteinander zu leben, sich zu begegnen. Wir helfen einander weiter, sind einander gute Nahrung, regen einander an wie ein gutes Genussmittel, ja wir sind genießbar, man kann ohne Angst, unbekümmert und sorglos mit uns umgehen.

Doch gibt es auch Tage, da schlüpfen wir in die Rolle des Doppelgängers, und wie der ziegelrote Risspilz einen Geruch nach faulendem Obst verbreitet, bewirken wir, dass unsere Mitmenschen die Nase über uns rümpfen, weil wir schlechter Laune, aufbrausend, einfach unausstehlich, ja ungenießbar sind. Es ist dann keine Freude, mit uns umgehen, zusammenarbeiten, leben zu müssen. Wie Giftpilze würden wir am liebsten links liegengelassen.

Giftpilze können sich nicht zu Speisepilzen wandeln. Aber du und ich?

Reisen

Nehmen wir einmal an, du willst eine längere Busfahrt unternehmen. Was packst du da alles ein?

Nun, ich glaube, das eine werden notwendige Dinge sein, ich denke an etwas Proviant, an den Ausweis, an ein Mittelchen gegen Übelkeit, vielleicht noch ein Taschentuch, etwas Geld natürlich. Das Notwendigste wird in einem kleinen Beutel Platz finden, und du wirst damit bestimmt dein Ziel erreichen.

Selbstverständlich, sagst du, nehme ich auch noch ein paar Kleider mit, für warme und für kalte Tage, ich möchte ja nicht erst jeden Tag die nötigen Kleidungsstücke kaufen, auch Zahnbürste, Waschlappen, Seife, Nagelfeile will ich nicht erst am Ziel besorgen; nun gut, aus deinem Beutelchen wird dann eben eine Reisetasche oder ein Koffer voller notwendiger und hilfreicher Gegenstände.

Ich meine aber, wenn die Reise wirklich gelingen soll, wenn du auf der Fahrt sogar Spaß und Freude haben willst, dann nimmst du noch anderes mit: vielleicht etwas zum Lesen oder Vorlesen? Vielleicht etwas zum Spielen - im Bus oder auf den Rastplätzen?

Nun, auch wenn du heute keine Busfahrt unternimmst, so meine ich doch, dass jeder Tag, auch der heutige, so eine Art Reise ist, und du kannst dich jeden Morgen fragen: Was packe ich für heute ein? Das Notwendige, wie immer: Pünktlichkeit am Arbeitsplatz oder in der Schule, Anweisungen Folge leisten, Anweisungen korrekt geben, eben genaue Pflichterfüllung?

Oder packst du etwas ein, was diesen Alltag zum Gelingen bringt? Wer wartet schon lange darauf, dass du ihm einen freundlichen Gruß oder sogar Zeit schenkst? Was könnte der Kollegin, der Angestellten, der Chefin heute eine Freude machen?

Ich weiß, sich dies zu überlegen erfordert ein bisschen mehr Anstrengung als das "Beutelchen der Notwendigkeiten" zu packen, es kann sogar Überwindung erfordern. Aber wird deine Tagesreise dadurch nicht an Wert gewinnen?

Richten

"Hast du das Frühstück schon gerichtet?" fragt die Frau ihren Mann, als sie aus dem Badezimmer kommt. "Kannst du mir das Vorderrad richten?" fragt der jüngere Bruder seine ältere Schwester, der er zutraut, das verbogene Rad seines Fahrrads wieder geradezubiegen. "Bist du schon gerichtet?" fragt der Mann seine Frau, als er merkt, dass es höchste Zeit aufzubrechen ist, wenn sie noch rechtzeitig zum Konzert kommen möchten.

Und alle, die fragen, sind froh, wenn sie als Antwort ein Ja zu hören bekommen, denn das gerichtete Frühstück kann in Ruhe gegessen werden, erst mit dem gerichteten Vorderrad ist das Fahrrad wieder gebrauchsfertig, erst wenn die Frau gerichtet ist, ist sie bereit zum gemeinsamen Konzertbesuch.

Was oder wer gerichtet ist, ist richtig eingestellt für das, was kommt, ist gut vorbereitet auf das Zu-Kommende; wer gerichtet ist, kann der Zukunft gelassen entgegensehen.

Nun, ich weiß nicht, was auf dich heute oder morgen zukommt, und ich weiß auch nicht, ob du dafür gerichtet bist. Ich weiß aber, dass auf dich und auf mich, dass auf uns alle eines Tages die letzte Stunde zukommt und wir werden sterben - ob wir gerichtet sind oder nicht. Vielleicht geht es dir auch so wie mir: Wenn ich meinen konkreten Alltag betrachte, gewinne ich eher den Eindruck, auf den Tod nicht vorbereitet, für ihn nicht gerichtet zu sein.

Je mehr ich darüber nachdenke, umso deutlicher und klarer wird mir allerdings jene Botschaft, die besagt, dass einer "kommen wird zu richten die Lebenden und die Toten". Ich erfahre diese Botschaft immer mehr als eine beglückende, froh machende Botschaft, und zwar deshalb, weil *der* mich richten wird, den die Menschen seiner Zeit als die Liebe schlechthin erfahren haben, der sich bis zum letzten Tropfen Blut für sie eingesetzt hat.

Darf ich dir wünschen, dass diese Botschaft vom uns richtenden Liebhaber dich - genauso wie mich - beim Erkennen eigener Unvollkommenheit auch heute schon aufrichten kann?

Sabbat

Es gibt Menschen, die verabschieden sich aus der Kirche, und sie haben dafür unterschiedliche Gründe. Manche wollen (nur) Kirchensteuer sparen, andere treten wegen dem Papst aus, obwohl sie evangelisch sind, wieder andere gehen, weil sie sich von der Kirche zu sehr bevormundet fühlen. Sie fühlen sich von Geboten und Verboten gegängelt, von kirchlichen Normen eingeschränkt, eingeengt, ja verängstigt.

Ich möchte dazu eine Geschichte von Jesus erzählen: Dieser ging am Sabbat in eine Synagoge. Dort saß ein Mensch mit verdorrter Hand. Die Gesetzeshüter lauerten Jesus auf, ob er diesen Kranken am Sabbat heil machen würde. Sie wollten Jesus verklagen können. Da sagte Jesus zum Menschen mit der verdorrten Hand: Steh auf, stell dich in die Mitte. Und zu den anderen sagte er: Ist es am Sabbat erlaubt, Gutes zu tun oder Übles, Leben zu retten oder zu töten? Sie aber schwiegen. Und er sah sie der Reihe nach an, voll Zorn und Trauer ob der Starre ihres Herzens; und er sagte zu dem Menschen mit der verdorrten Hand: Streck die Hand aus! Er streckte sie aus, und seine Hand war wieder gesund.

Diese Geschichte, die in der Kirche bald 2000 Jahre weitererzählt wird, zeigt sehr deutlich, wie unfrei und einengend Gebote und Verbote machen können. Am Sabbat war es damals nach Auffassung der

Gesetzeshüter nicht erlaubt zu heilen, ja, es gab mehr als 300 Sondervorschriften für diesen Tag, die genau aufzählten, was alles verboten war. Es war eine Qual für die Menschen; sie mussten strenger, vorsichtiger leben als sonst. Nie spürten sie so deutlich, dass sie beaufsichtigt waren.

Jesus aber macht den Menschen den Sinn des Sabbatgebotes deutlich: Der Sabbat ist für den Menschen gemacht und nicht der Mensch für den Sabbat. Und so ist es mit allen Geboten und Verboten. Ihr Sinn ist nicht Gängelung, Einengung, Verängstigung der Menschen. Und was für Gebote und Verbote, was für Normen gilt, das gilt auch für alle möglichen Institutionen. Ich bin nicht für die Kirche oder für den Staat geschaffen, nein umgedreht: Jede religiöse oder weltliche Einrichtung muss den Menschen dienen.

Dies ist für mich eine befreiende Botschaft, die die Kirche seit 2000 Jahren wachhält.

Ich möchte allerdings auch nicht verschweigen, dass es gefährlich ist, danach zu leben: Die Geschichte von der Heilung am Sabbat endet nämlich damit, dass die Gesetzeshüter den Beschluss fassten, Jesus umzubringen.

Sammeln

Viele Zeitgenossen sammeln. Sie sammeln Münzen oder Briefmarken oder Steine, um nur einige Sammelobjekte zu nennen.

Was treibt diese Menschen zum Sammeln? Betrachten wir einmal als Beispiel das Briefmarken Sammeln. Bestimmt gehört Freude an der Vielfalt der Marken dazu, aber auch Freude an der Schönheit - manche Marke ist ja ein kleines Kunstwerk. Ein dritter Grund könnte der Wert der Marken sein, der sich im Laufe der Zeit erhöht.

Und wie geht Briefmarken Sammeln?

Nun, wer Briefmarken sammelt, beachtet jede Briefmarke, sodann verwendet er viel Zeit für das Ablösen der Marken, für das Trocknen und Einsortieren ins schützende Album. Bei alledem ist er darauf bedacht, dass keine Briefmarke beschädigt wird.

Warum erzähle ich dir das? Nein, ich will dich nicht zum Briefmarkensammeln verleiten, aber vielleicht willst du Menschen sammeln?

Und du weißt es schon: Ein Menschensammler hat Freude an der Vielfalt und je eigenen Schönheit der Menschen, weiß um den Wert und die Würde jedes Menschen, erniedrigt niemanden. Bei jeder Begegnung - beim Frühstück in der Familie, als Verkehrsteilnehmer in Straßenbahn oder Auto, als Chefin oder als Angestellte, als Schüler oder als Lehrer, als

Kundin oder als Verkäuferin, als Arzt oder Patient, ... - bei jeder Begegnung mit einem anderen Menschen werden Menschensammler es vermeiden, diesen zu verletzen - nicht physisch, nicht psychisch; ja, sie wollen, dass es anderen gut geht und tun etwas dafür, sie beachten jeden, der ihnen begegnet.

Und du weißt es: Wenn du Menschen sammelst, verwendest du viel Zeit für andere. Die meistgebrauchte Ausrede, keine Zeit zu haben, hat bei dir keine Chance mehr.

Ob du heute jemandem von deiner Zeit schenkst und damit deine Menschensammlung vergrößerst.

Sonntag

In einem Märchen lese ich: "Sechs von sieben Brüdern gingen auf die Arbeit. Der siebte besorgte den Haushalt. Wenn die sechs Brüder müde von der Arbeit nach Hause kamen, fanden sie das Haus geordnet, das Essen bereit und alles in bester Ordnung. Darüber freuten sie sich und lobten den siebten Bruder. Aber einer der Brüder wollte klüger sein als die anderen. Er nannte den siebten Bruder einen Faulenzer und Tagdieb, der auch mit zur Arbeit gehen und sein Brot verdienen sollte. Dieses böse Wort fand leider bei den anderen Gehör. Sie beschlossen einmütig, dass ihr siebter Bruder nicht länger seines bisherigen Amtes walten sollte. Sie nötigten ihn, auch am frühen Morgen mit auf die Arbeit zu gehen.

Und dann machten die sieben Brüder eine überraschende Erfahrung. Als sie müde und abgespannt am Abend von der Arbeit nach Hause kamen: Kein heller freundlicher Lichtschein winkte ihnen entgegen. Keine fürsorgende Hand hatte das Hauswesen geordnet. Kein Tisch war gedeckt. Kein Bruder stand an der Tür und empfing sie mit einem herzlichen Wort.

Und jetzt erst merkten sie, wie dumm sie gehandelt hatten, als sie ihren siebten Bruder seines stillen Dienstes enthoben hatten. Sie fühlten sich, weil es ihre eigene Schuld war, doppelt elend und verlassen. Dann beschlossen sie, den siebten Bruder wieder in sein Amt einzusetzen.

Das verlorene Glück der sieben Brüder kehrte mit seinem heimlichen Segen zu ihnen zurück. Sie lebten miteinander einträchtig und in Frieden."

Soweit das Märchen. Die Werktage sind wichtig, sie sind zweckorientiert, bestimmt durch Arbeit: Arbeit, um das notwendige Einkommen zu erzielen, Arbeit, um die unvermeidlichen Geschäfte in Haushalt und Familie zu erledigen, Arbeit, um eine schulische oder berufliche Bildung zu erwerben.

Aber der Sonntag. Dieser Bruder ist häufig abgesetzt. Sein stiller Dienst wird übertönt, wenn wir nur nach Erlebnissen aus sind, wenn Konsum und passive Fernsehunterhaltung den Tag bestimmen, oder wenn wir aus Gründen der Rentabilität Erwerbsarbeit nachgehen müssen.

Der siebte Bruder könnte uns deutlich machen, dass unser Leben nicht nur aus dem besteht, was wir leisten oder uns leisten können.

Ob wir am Sonntag mal wieder lesen, malen, musizieren oder miteinander spielen? Ob wir am Sonntag Gesprächen Raum geben über unser Zusammenleben in der Familie, über gesellschaftliche und politische Fragen oder gar über die Frage nach dem Sinn unseres Daseins?

Stricken

Ich kann nicht stricken. Meine Mutter konnte es bis ins Greisenalter. Meine Schwestern und meine Frau können es. Meine Schüler - auch die Buben konnten stricken. Meine Söhne lernten es.

Ich habe mir einmal genauer angesehen, was beim Stricken eigentlich vor sich geht: Es genügen zwei Nadeln und ein Wollfaden. Der Wollfaden wird über einen Finger geführt und mit Hilfe der Nadeln kunstvoll zu Maschen geformt. Dann wird Masche an Masche gekettet - zur Reihe vollendet - und Reihe an Reihe bis etwa eine Seite oder ein Ärmel eines Pullovers fertig ist.

Manchmal wird ein besonderes Muster gestrickt. Dazu wechseln die Maschenarten, oder ein andersfarbiger Faden wird dazu genommen, dann läuft der erste Faden nur mit, wird gar nicht verstrickt. Bei manchem Muster läuft der Faden nicht so gut, er muss dann immer wieder nachgezogen werden. Erwischt man den Faden nicht richtig, kann schon mal eine Masche 'runterfallen. Dann bedarf es der Sorgfalt und Mühe, diese Masche wieder aufzunehmen. Oft sehe ich die Strickenden messen und zählen, denn die Anzahl der Maschen kann von Reihe zu Reihe ab- oder zunehmen müssen, damit das Gestrickte auch passt. So haben die Strickenden immer das Ziel vor Augen.

Nun, ich will dir keinen Strickkurs geben, dazu müsste ich ja selber stricken können. Aber das Stricken scheint mir etwas mit mir zu tun zu haben.

Denn manchmal komme ich mir selber wie ein Faden vor, da werde ich verstrickt, ob ich es will oder nicht, ich muss nachgezogen werden, wenn ich nicht so gut laufe, oder ich laufe nur nebenher, weil ein bunterer Faden für ein hübscheres Muster sorgt.

Manchmal fühle ich mich auch wie eine Masche, gekettet an andere, an sie gebunden und mit ihnen verbunden - notwendig für den Zusammenhalt, denn wo eine Masche fällt, fallen andere mit.

Nicht selten aber stricke ich auch und habe Verantwortung für Fäden und Maschen, stricke am Leben anderer - und immer am eigenen.

Vielleicht machst du eine ähnliche Erfahrung: als Faden, als Masche oder "Stricker"?

Als Faden wünsche ich dir und mir sorgfältige "Stricker", die uns zwar fordern, aber nicht zerreißen.

Als Masche wünsche ich unseren Bindungen und Verbundenheiten, aus denen wir leben, Ausdauer und Halt.

Und dort, wo wir andere verstricken, wünsche ich uns einen sorgsamen Umgang mit ihnen - und für unser Leben, an dem wir alle stricken, ein gutes Muster.

Taizé

Immer wieder treffen sich zum Jahresende Jugendliche aus allen Ländern in Ost und West, in Nord und Süd zu einem Europäischen Jugendtreffen auf dem "Pilgerweg des Vertrauens". Dieser Pilgerweg geht aus von der Brüdergemeinschaft von Taizé, zu der jedes Jahr Zigtausend Menschen kommen, um mit ihr das Leben zu teilen. In den gastgebenden Städten und ihrer Umgebung werden die jungen Leute von Familien und Gruppen in Kirchengemeinden beherbergt.

Warum kommen so viele zusammen? Was lockt die jungen Menschen zu so einem Treffen in den Tagen, in denen sonst der Jahreswechsel ausgelassen gefeiert wird? Was lässt sie die nicht geringen Reisestrapazen bei manchmal über tausend Kilometern Anreise auf sich nehmen?

Nun, wer am Europäischen Jugendtreffen teilnimmt, will mit Jugendlichen aus allen Himmelsrichtungen Wege zur Versöhnung unter Menschen von nah und fern suchen und hofft, sie zu finden.

Durch die Gastfreundschaft in den Familien und Gruppen der Kirchengemeinden erfahren sie, dass Frieden und Vertrauen unter Menschen lebbar sind. Sie verpflichten sich, an allen vorgesehenen gemeinsamen Gebeten teilzunehmen. So zeigen sie, dass ihre Suche nach dem Sinn des Lebens letztlich eine Suche nach Gemeinschaft mit Gott ist.

Und sie begegnen Menschen, die den Sinn ihres Lebens darin gefunden haben, dass sie sich in ihrem Umfeld für andere einsetzen, dass sie Verantwortung übernommen haben, um an einer besseren Zukunft für alle mitzubauen.

Für mich ist dieser "Pilgerweg des Vertrauens" ein großes Hoffnungszeichen: Zum einen zeigt es mir, dass es jungen Menschen nicht gleichgültig ist, was mit und in der Welt passiert, dass sie ernsthaft suchen nach friedvollen Möglichkeiten des Miteinander und nach sinn- und verantwortungsvollem Gestalten ihres Lebens. Zum andern machen mir die vielen jungen Leute Mut, selber wieder einmal in meiner Umgebung nach Wegen der Versöhnung zu suchen, Zeichen von Vertrauen zu setzen und dem Sinn meines Lebens nachzuspüren. Und ich nehme mir gerne Zeit dafür, allein und mit Freunden und sicher auch mit Gott.

Trauern

Es gibt Ereignisse in deinem und meinem Leben, die erfüllen uns mit Trauer und Wehmut. Ich denke da beispielsweise an den alters- oder berufsbedingten Wegzug aus einer liebgewordenen Umgebung, aus dem Elternhaus, aus der Heimat. Häuser, Straßen, Plätze - und vor allem Menschen, mit denen wir vertraut waren, bleiben zurück. Wir gewinnen Distanz, und manche werden uns fremd.

Ich denke aber auch an die vielen, deren Berufszeit endet - oft zu früh, weil, was sie können, nicht mehr gebraucht wird.

Besonders groß sind Trauer und Wehmut dann, wenn der Tod unter den nächsten Angehörigen eine Lücke reißt wie damals, als meine Eltern kurz nacheinander starben.

Und Trauer und Wehmut sind berechtigt, denn ein Stück gemeinsamen Lebens ist unwiederbringlich vorbei. Und Trauer und Wehmut sind gerade dann besonders groß, wenn dieses Stück gemeinsamen Lebens gelungen war.

Dann aber ist es klar, dass sich neben die Trauer etwas anderes stellen muss: das ist der Dank. Denn dass ich mein Leben als gelingend empfinden kann, dass ich eine Stadt als Heimat liebgewinne, liegt nicht an mir, habe ich nicht mir zu verdanken; es liegt an den Menschen, die mir dort nahe waren. Gelingendes Leben verdanke ich besonders denen, die um mich waren von Kindheit an, die mich geprägt, mir Werte gewiesen und glaubwürdig vorgelebt haben, die mir auch dann Vertrauen schenkten, wenn ich ihre Pläne durchkreuzt habe. So gehören Trauern und Danken untrennbar zusammen.

Aber ein Drittes kommt noch dazu: Wer wegzieht aus einer Stadt, aus der Heimat, der hofft, dass die Bindungen zu denen, die zurückbleiben, nicht abreißen, und er hofft, dass sich neue Beziehungen und Freundschaften dort ergeben, wo er hinzieht. Auch wer zurückbleibt, hofft, dass die Verbindungen zu denen, die weggehen, erhalten bleiben und sich neue ergeben.

Und wenn ich jeden Sonntag wirklich als Auferstehungstag feiere, dann darf ich auch dort hoffen, wo der Tod naher Menschen Anlass zu Trauer und Wehmut war. Ich darf hoffen für sie, dass ihre Liebe zu mir und zu anderen auch Bestand hat, wo es Zeit nicht mehr gibt.

Und diese Hoffnung für die Toten ist auch Hoffnung für mich. Ich brauche nicht trauern wie jemand, der keine Hoffnung hat.

Vernarrt

Sie tragen eine eigentümlich Kleidung: auf dem geschorenen Kopf sitzt eine Kappe, eine runde Mütze mit drei Eselsohren und einem Hahnenkamm, einem ausgezackten Streifen roten Tuches, das von der Stirn bis zum Nacken läuft. Um den Hals tragen sie einen breiten Kragen. An Kappe, Gürtel, Ellenbogen, an den Knien und Schuhen sind Schellen befestigt, um die Aufmerksamkeit auf sich zu lenken. In der Hand tragen sie ein Zepter, an dem oben ein Kopf mit herausgestreckter Zunge als Verzierung nicht fehlen darf.

Du hast es schon längst erraten. Es geht um die Narren, die spätestens ab dem schmutzigen Donnerstag in den Hochburgen der Fasnet bis Aschermittwoch regieren. Früher waren sie lustig Macher, die an den Tafelrunden der Großen die Gäste unterhielten. Ihre Aufgabe war, Witze auszuteilen und einzustecken. Sie konnten die Wahrheit sagen, wurden aber verspottet, verhöhnt und verlacht.

Nun, auch Christen sind Narren, Paulus nennt sich und die Apostel ausdrücklich "Narren um Christi willen". Er beschreibt dies so: Wir sind schwach und verachtet, hungern, dürsten, "gehen in Lumpen, werden mit Fäusten geschlagen und sind heimatlos. ... wir werden beschimpft und segnen; wir werden verfolgt und halten stand; wir werden geschmäht und trösten. Wir sind sozusagen der Abschaum der Welt geworden, verstoßen von allen bis heute."

Aber nicht nur die Christen, Jesus selber trägt die Züge eines Narren. Gleich den Hofnarren spottet er mancher Sitte und verachtet die Herrschenden. Als "Wandernarr" hat er keinen Ort, wo er sein Haupt hinlegen könnte. Er besucht die Feste der Reichen und hält ihnen den Spiegel vor. Obwohl ihm keinerlei weltliche Macht zur Verfügung steht, reitet er umgeben von königlichem Prunk in Jerusalem ein. Zum Schluss wird er von seinen Gegnern zum Spott in königliche Gewänder gekleidet. Verlacht und verhöhnt wird er gekreuzigt.

Aber es ist schon verrückt - unendlich gedemütigt, herumgestoßen, verwundet, getötet - er unterliegt nicht endgültig.

Dass Gott ihn und uns zum Leben erweckt, zeigt dies nicht Gottes eigenes Narr Sein? - seine unendliche Vernarrtheit in uns Menschen?

Viren

Immer wieder hören wir von Grippeviren, die unsere Gesundheit bedrohen. Gegen manche kann man sich impfen lassen, jedenfalls solange der Impfstoff nicht ausgegangen ist. Gegen andere todbringenden Viruskrankheiten gibt es noch keinen Impfstoff.

Über die Herkunft dieser tödlichen Viren gehen die Vermutungen auseinander. Manche denken, sie kämen aus dem Tierreich, andere gehen davon aus, dass sie ihren Ursprung in der Pflanzenwelt haben, wieder andere verbreiten die Meinung, Forscher hätten bei Experimenten durch einen Unfall die Kontrolle über diese Killerviren verloren.

Je nach Meinung über den Ursprung solch schlimmer Erkrankungen werden auf der Suche nach Heilung unterschiedliche Wege beschritten. Manche Wissenschaftler setzen dabei große Hoffnung auf die Gentechnik.

Nun, ich bin weder Biologe noch Chemiker und schon gar nicht Gentechniker. Ich kann deshalb die Hoffnung der Forscher nicht beurteilen. Meine Beobachtungen gelten in den letzten Jahren einem anderen Virus in unserer Gesellschaft. Ich meine das todbringende Virus zunehmender Gewalttätigkeiten.

Ist es die Angst um Arbeitsplätze, die ausländische Mitmenschen manchen zum Freiwild werden lässt? Ist es der Mangel an Möglichkeiten, Freizeit kreativ zu gestalten, der Jugendliche dazu treibt, sich in gewalttätigen Gangs zusammenzurotten? Liegt es an unserer geistigen Unreife, wenn wir meinen, andere seelisch unter Druck setzen zu dürfen?

Selbstverständlich gibt es über die Ursachen viele Studien, und die Meinungen, wie der Gewalt, der äußeren und der inneren, der tätlichen und der psychischen zu begegnen ist, welcher "Impfstoff" sie am besten bekämpft, gehen auseinander.

Auch ich habe *den* Impfstoff, der all dies heilt, nicht. Sehr zu denken aber gibt mir, was der amerikanische Bürgerrechtler Martin Luther King - bedroht von tödlicher Gewalt - seinen Gegnern sagt: "Eurer physischen Gewalt werden wir mit seelischer Kraft begegnen. Tut mit uns, was ihr wollt, wir werden euch trotzdem lieben. ... Werft uns ins Gefängnis, wir werden euch trotzdem lieben. Werft Bomben in unsere Häuser, bedroht unsere Kinder, wir werden euch trotzdem lieben. Schickt eure Mietlinge um Mitternacht in unsere Wohnungen, dass sie uns schlagen und halbtot liegen lassen, wir werden euch trotzdem lieben. Und seid sicher, dass wir euch mit unserer Leidensfähigkeit überwinden werden."

Ob wir das je verstehen?

Vollwertkost

"Wir essen noch immer viel zu viel und viel zu fett." Das können wir immer wieder lesen oder hören. Und so wundert es nicht, wenn landauf, landab immer mehr Kochkurse und Vorträge angeboten werden, die zu bewusstem Essen verhelfen sollen. Man lernt die Schaubkost kennen, die kohlenhydrat- und säurearm ist und z. B. Schlacken, Cholesterin und überschüssiges Fett abbaut; man erfährt, wie man mühelos mit Keimen und Sprossen den Vitaminbedarf deckt, wie man mit vollwertigen Lebensmitteln Wohlbefinden und Gesundheit fördert.

Ich finde es gut, dass wir uns Gedanken machen über das, was unser Körper benötigt, um gesund zu sein. Ich finde es deshalb gut, weil ich weiß, dass wir Verantwortung tragen für unseren Leib und seine Gesundheit.

Darüber hinaus weiß ich aber auch um meine geistliche Dimension. Nicht nur mein Leib benötigt Lebensmittel; soll mein Geist nicht verkümmern, so muss ich auch ihn nähren.

Doch womit? Welche Nahrung könnte meine manchmal unehrliche und gemeine Gesinnung entschlacken, meiner zeitweise geistlosen Haltung neue Energie zuführen? Was ist die Vollwertkost des Geistes?

Nun, wenn man die Geschichte von geistreichen Christinnen und Christen studiert, wird man entdecken, dass sie sehr bibelfest sind. Ihre Erfahrungsberichte sind voll von biblischen Zitaten und von Deutungen biblischer Geschichten. Sie haben sich die Erfahrungen der Bibel angeeignet, sich in ihnen wiedergefunden, mit der Bibel eigene Erfahrungen gemacht. Die Bibellesung gehört darum wesentlich zum täglichen Leben von geistlichen Frauen und Männern, ist gleichsam ihr tägliches Grundnahrungsmittel.

Und was ist die Grundintention der Bibel?

Nun, ich müsste jetzt zeigen, dass es, angefangen von Adam und Eva bis hin zu Maria und Jesus und seinen Jüngerinnen und Jüngern immer um die große Verheißung des Landes geht, in dem der Mensch ganz und gar Mensch ist, wo keiner mehr Gewalt über ihn hat; und die vielen Geschichten der Bibel, sie werben um die Mitarbeit des Menschen an diesem Land, sie nähren seinen Geist mit dem Mut, sich einspannen zu lassen für das große Projekt dieses Landes, für das große Projekt des Reiches Gottes, für die Zukunft, die wir Menschen für unser Menschsein brauchen.

Für mich ist es klar: Will ich meiner ganzen Verantwortung, meiner Verantwortung für Leib *und* Geist nachkommen, dann verzichte ich nicht auf die Vollwertkost der Bibel.

Warten

Die Verkehrsmeldungen in der Ferienzeit sind häufig endlose Litaneien von Straßenkürzeln für Autobahnen und Bundesstraßen, von Anschlussstellen und Kilometerangaben von Staus und stockendem Verkehr nach Unfällen und hohem Verkehrsaufkommen oder wegen Baustellen. Die Bilder im Fernsehen zeigen endlose Warteschlangen an Grenzübergängen und vor Tankstellen. Wir stöhnen beim Hören der Meldungen und beim Sehen der Bilder und sind froh, wenn es uns nicht getroffen hat; wir haben Mitleid mit den Wartenden, die ihr Ferien- oder Urlaubsziel manchmal um vier oder fünf Stunden später erreichen als geplant.

Dazu ein Kontrast: Clodovis Boff, Priester in Brasilien, erzählt in seinem Buch >Mit den Füßen am Boden< von seiner Arbeit in nordwestbrasilianischen Basisgemeinden. Zum Besuch der Kolonie Catuaba benötigt er ein Schiff. Er schreibt:

"Die Fahrt geht los. Das Schiff ist überfüllt. Denn wegen der Energiekrise fahren nur wenige Schiffe.

Ein junger Mann hatte sich in der endlosen Schlange an der Tankstelle angestellt und von vier Uhr morgens bis nachmittags drei Uhr gewartet. Elf Stunden! Dann erst bekam er einen Kanister Öl, mit dem wir jetzt fahren. Aber der junge Mann macht überhaupt kein Aufheben von seinem langen Warten. Er erwähnte es nur. Auch die anderen fanden nichts dabei. Nur ich wunderte mich: einen ganzen Tag warten für einen Kanister Treibstoff! >Hast du denn was gegessen?< fragte ich ihn. >Nein<, antwortete er, >sonst hätte ich ja meinen Platz in der Schlange verloren.< Nichts von Bitterkeit lag in seinen Worten.

Was das einfache Volk an Leiden erträgt, ist unerhört. Anders als bürgerliche Kreise, die sich wegen des kleinsten Ungemachs in der Presse lauthals beklagen, haben diese Menschen niemanden, bei dem sie sich beklagen könnten."

Ich habe diesen Bericht wieder und wieder gelesen, mal zornig, mal traurig, meist beschämt, denn ich habe mich auch schon dabei erwischt, wie ich mich lauthals über unsere "katastrophalen" Verkehrsverhältnisse beschwert habe - hatte ich nicht erst neulich für 110 km 2 Stunden gebraucht, weil die Autobahn wegen Bauarbeiten kurzfristig gesperrt war?

Und da steht ein junger Mann im Nordwesten Brasiliens 11 Stunden für einen Kanister Sprit an - ohne Essen - ohne Vorwurf, ohne Klage; ganz selbstverständlich ermöglicht er vielen die Fahrt mit einem der wenigen Schiffe.

Warum bin ich nur so ungeduldig?

Weg

Weißt du schon, was der Tag dir heute alles bringen wird? Wo du mittags und abends essen, wann du Feierabend haben, wo du schlafen wirst?

Wenn du diese Fragen alle bejahen kannst, dann geht es dir vielleicht so, wie es Schülerinnen und Schüler manchmal auf den Punkt bringen: "Tagein, tagaus der gleiche Trott: Aufstehen, Schule, Hausaufgaben, Schlafen, dazwischen Essen und etwas Freizeit", so können sie klagen. Und selbst im Urlaub oder in den Ferien ist es oft genauso.

Eine ganz andere Erfahrung habe ich auf dem "Camino" gemacht. Camino ist spanisch und heißt "Weg". Und zunächst ist damit jeder Weg gemeint. Aber **der** Weg, oder **El Camino,** wie nicht nur die Spanier sagen, meint den Pilgerweg nach Santiago de Compostela. Es ist ein Weg, der aus vielen Wegen besteht, die von fast überall in Europa ins nordspanische Compostela führen, wo der Heilige Jakobus verehrt wird. Seit Jahrhunderten machen sich immer wieder Menschen auf diesen Weg.

Und was ist nun die ganz andere Erfahrung? Nun, wir wussten beim Aufbruch am Morgen nicht, wo und was wir essen, in welchem Dorf oder welcher Stadt wir rasten würden, wo wir am Abend eine Unterkunft bekämen. Wir hatten keine verabredeten Termine und wussten nicht, wem wir begegnen würden. Und so kam es etwa, dass wir eines Abends in einem Kloster die Suppe mit zwei bretonischen Priestern und einer Oma mit Enkelin teilten. Ein andermal trafen wir an einem Mittag um halb eins auf einen jungen Priester aus Bordeaux, der uns einlud, mit ihm und einer Handvoll Gläubigen einen Gottesdienst zu feiern. Oder wir wurden zusammen mit Jugendlichen aus den Philippinnen, aus Bolivien und Indien mit Limonade und Kuchen bewirtet. Wir konnten uns Zeit lassen für Gespräche mit Menschen, mit der Natur und den vielen großartigen Kunstwerken, die im Laufe der Jahrhunderte am Camino entstanden.

Selbstverständlich haben wir so Santiago nicht erreicht. Dafür war die Urlaubszeit viel zu kurz und Santiago zu weit. Aber uns ist wieder neu aufgegangen, dass es im Leben mehr gibt als den Trott des Alltags. Wir waren auf dem Weg und mussten das Ziel nicht erreichen. Und alle Erlebnisse und Erfahrungen auf dem Weg konnten wir als Geschenke empfinden und annehmen. Und es wirft uns nicht um, wenn ein Tag ganz anders verläuft als gedacht oder geplant. Auch im manchmal eintönig und öde verlaufenden Alltag können wir sensibel kleine Gegebenheiten wahrnehmen, die uns begreifen lassen, dass wir auf dem Weg sind zu einem großen Ziel.

Darf ich dir eine solche Neuentdeckung, die zur Gelassenheit für jeden Tag führen kann, wünschen?

Weggemeinschaft

In unserer mobilen Gesellschaft können zahllose Zeitgenossen ihrem Beruf nicht mehr dort nachgehen, wo sie wohnen. Darunter sind viele darauf angewiesen, mit privaten Verkehrsmitteln ihren Arbeitsplatz zu erreichen. Dafür haben sich nun in den letzten Jahrzehnten immer mehr sogenannte Fahrgemeinschaften gebildet, bei denen Arbeitnehmer für den Weg nach und von dem Ort der Tätigkeit ein Fahrzeug gemeinsam benutzen. Es sind zwar zunächst wohl wirtschaftlich-ökologische Gründe für das Bilden von Fahrgemeinschaften. Darüber hinaus bietet eine solche Fahrgemeinschaft auch die Möglichkeit zum Gespräch. Man kann sich austauschen über Ereignisse in Politik und Gesellschaft, über Hobbys, über den Beruf. Die Themenvielfalt ist unbegrenzt. Die Mitfahrenden können Gemeinschaft erleben.

Du wirst jetzt vielleicht sagen: "Das weiß ich doch alles schon. Außerdem fahre ich mit dem Fahrrad oder mit der Straßenbahn. Was soll diese Information über solche Zusammenschlüsse?"

Nun, ich denke es gibt nicht nur Fahrgemeinschaften auf dem Weg zur Arbeitsstätte, an der wir unser tägliches Brot verdienen dürfen. Es gibt auch Fahrgemeinschaften - vielleicht sage ich jetzt besser Weggemeinschaften - zu Zielen, an denen es um ganz anderes geht als das Erreichen eines gemeinsamen Arbeitsplatzes, wo nicht wirtschaftliche oder ökologische Gründe für das gemeinsame Zurücklegen eines Weges eine Rolle spielen.

Es gibt schwierige Wege gerade dann, wenn es wegen Arbeitslosigkeit keinen gemeinsamen Weg zur Arbeit gibt. Wer bietet dann Weggemeinschaft an? Auf wessen Begleitung kann ich dann setzen, wenn ich krank oder verzweifelt bin? Wer spricht mit mir in seelischer Not?

In aller Welt wurde und wird Mutter Teresa, eine kleine Frau mit großem Herzen wegen ihres radikalen Einsatzes als Engel der Armen gepriesen, mit denen sie eine unverbrüchliche Weggemeinschaft bildete. Als Vorbild an Güte und Menschlichkeit für Christen und Nichtchristen, als Geschenk für die Kirche und die Welt, als Kämpferin gegen die Gottverlassenheit unserer Zeit, die sich unermüdlich für Arme, Sterbende, Aids-Kranke, Drogenabhängige und Nichtsesshafte verbraucht hat, bleibt sie den Herzen der Menschen in Erinnerung.

Und was ist die Quelle ihrer Liebe?

Sie zögert keinen Moment mit der Antwort: Es ist die Weggemeinschaft mit Jesus, dem sie tagtäglich in der Eucharistie, dem Gebet, der Bibelbetrachtung und in den Armen begegnet ist.

Taugt seine Weggemeinschaft auch für dich und für mich?

Wein

Ganz gleich, ob du aus der Pfalz, aus Nordbaden oder aus Württemberg stammst, wenn du das Wort "Kaiserstühler" hörst, dann weißt du sofort, worum es geht; es kann nur um einen gehen, den Kaiserstühler Wein.

Von ihm weiß ich: er ist kraftvoll und feurig; der Ruländer von dort ist voll fruchtiger Fülle, selbst der milde Silvaner hat ein verhaltenes Feuer und das Bukett des Gewürztraminers blüht auf wie der Duft einer wohlriechenden Blume; gehaltvoll ist der Spätburgunder als Rotwein und kräftig als Weißherbst.

Du wirst sagen: Woher weiß der das alles? Was macht er jetzt Reklame für ein Weinbaugebiet und für Alkohol?

Nun, ich weiß das, weil ich den Kaiserstühler kenne, und ich kenne ihn weil ich ihn probiert habe, und du kennst andere Weine, und du kannst von denen erzählen, weil du sie probiert hast. Und wir beide, du und ich, wir merken: vom Erzählen, vom Lesen und Diskutieren über diese Weine wissen wir noch nichts. Es geht beim Wein darum, ihn zu trinken, ihn mit dem Gaumen zu schmecken, ihn im Mund sich entfalten zu lassen und seine Wirkung mit Leib und Seele wahrzunehmen. Nur wenn uns das gelingt, können wir über ihn staunen, uns seiner erfreuen, wird er uns kostbar, werden wir erfüllt von Dank gegenüber Winzer und Schöpfer.

Wie mit dem Wein ist es mit dem Leben.

Manche begnügen sich damit, sich über dieses und jenes Lebensmodell zu informieren, wie wenn sie Etiketten auf Weinflaschen lesen und vergleichen; andere diskutieren, unter welchen Bedingungen ihr Leben und jeder Tag in ihm mehr oder weniger sinnvoll ist.

Es gibt einige, die kosten jeden Schluck des Tages. Sie schweigen und staunen und danken.

So darf ich dir doch jeden Tag einen herzhaften Schluck Lebens wünschen, so dass du jeden Abend "Danke" sagen kannst.

Wirklichkeit

"Neu! Exklusiv!" "Begreifen Sie die Welt, wie sie wirklich ist!"

So ähnlich schrie mir neulich ein Werbeprospekt aus meinem Briefkasten entgegen. Mein erster Gedanke war: Das willst du schon lange wissen, wie die Welt wirklich ist. Wer das zu sagen wagt, der muss etwas zu sagen haben.

Im Prospekt ging es dann um Höhen und Tiefen von Bergen, Seen, Meeren, es ging um einen Globus, der die neuesten wissenschaftlichen Erkenntnisse darstellte. Du kannst dir vorstellen, wie enttäuscht ich war.

Wieso hatte ich so große Erwartungen an dieses "Begreifen Sie die Welt, wie sie wirklich ist"?

Ich meine: schuld an meinen Erwartungen sind die Wörtchen "wirklich" und "Welt". Was ist denn 'wirklich'?

Für die Werbetexter scheint es das zu sein, was messbar, nachprüfbar, fotografierbar ist, was man sehen kann, was man anfassen, mit Händen begreifen, in die Hand nehmen kann, kurz: die materielle Welt. Und die 'Welt', das ist für sie die Erde, der Globus.

Für mich verbirgt sich aber hinter diesen Wörtchen etwas mehr. Will mir jemand sagen, wie die Welt wirklich ist, dann erwarte ich etwas über das, was die Welt ausmacht, meine Welt, mein Leben mit anderen, mit Nahen und Fernen, mit Freunden und Feinden, im Lieben und Kämpfen, im Annehmen und Ablehnen.

Was ist für dich wirklicher?

Dass der Ozean die gewaltigste Gebirgslandschaft der Erde verbirgt, dass es in Australien schon sieben Stunden später ist als hier - all das kannst du auf dem oben genannten Globus sehen - oder dass ein Freund, eine Freundin dir sagt: Dich mag ich!

Dieses "Dich mag ich" verändert Angesprochene, wirkt auf sie, gibt ihnen Gelassenheit, Geborgenheit, ja Frieden. Dies ist mehr als 'materielle Welt'.

Ob du heute jemanden dieses "Mehr an Wirklichkeit" spüren lässt? Ob du es jemandem sagen kannst, dass du ihn magst, wie er ist?

Der Engel

Er sei dir zur Seite

Wo immer du stehst

Er sei dir zur Seite

Wo immer du gehst

Er sei dir zur Seite

Beim inne Halten

Er sei dir zur Seite

Beim Abschied vom Alten

Er sei wenn du leer bist

Ganz in dir drinnen

Sei er dein Begleiter

Bei neuem Beginnen

Besonderen Dank sage ich meiner lieben Elfriede für ihre vielen, behutsamen Anregungen, mit denen sie meine Gedanken begleitet und bereichert hat.

Zeitfracht Medien GmbH
Ferdinand-Jühlke-Straße 7
99095 Erfurt, Deutschland
produktsicherheit@kolibri360.de